悅讀的需要，出版的方向

悅讀的需要，出版的方向

終結失業，還是窮忙一場？

擺脫了打卡人生，
我們為何仍感焦慮，還得承擔更多風險

GIGGED

THE END OF THE JOB AND THE FUTURE OF WORK

莎拉．柯斯勒 Sarah Kessler —— 著 林錦慧 —— 譯

CONTENTS

目錄

推薦序

推薦序

打破規則，多角化經營自己！

江湖人稱S姐

目前多數社會的中堅分子還是以二十世紀出生的人為主，但可別忘了，現在是二十一世紀，多數的價值觀，生活準則已經和過去大不相同，隨時要注意周遭可能的機會！

過去的價值觀是：好好念書，工作到一定年紀，存一些錢，結婚生子，安穩退休。但現在的社會景象是：好好念書可能代表不懂得生活，科技變遷太快所以可能工作會提前被取代，經濟變化太快所以錢怎麼存都入不敷出，更別妄想所謂的好好退休。所以人心惶惶，都只想要以有效率的方式快速得到，忘記每個發展都需要扎根。

本書探討了五個經歷人生轉折，決定突破自我，靠不同方式自己掌握時間而生存的故事，這些故事沒有所謂的完美結局，都在持續發展中，有些人回到了原本上班族生活，但因為過去的半創業經驗，更懂得享受工作而不是只會負面思考；有些人在過程中體驗到從未想過的生涯發展，總之，似乎五個實際人生都是由樂觀處發展，只要自己懂得自己在做什麼，有自己的核心思想與規劃，人生就該打破規則，建造安全網，否則可能就會按照過去的價值觀而活。

這種在過去稱做兼職，後續演變成「斜槓」的名詞已被大眾漸漸認同，不是因為真的缺「錢」而是嚮往一種自由，可能是時間／物質／成就感上的自由。畢竟出社會後人生要的不是只有工作而已，更包含了陪家人的時間、人脈圈養成、讓自己更健康，多元興趣培養或是精神層面的享受等等，這些都不是單純靠工作上的成就感可以滿足的。仔細思考，現在的企業都在併購企業，甚至多數中小型公司也都在發展多角化經營，可能本身是餐飲業轉投資房地產，或是飯店業發展居家照護／月子中心；企業可以，為什麼人不能多角化經營自己呢？

回顧我的斜槓背景也是這麼一路過來的，從獵頭背景開始，過程中對於履歷／人的年紀與職涯關係／工作背景及職涯轉換在意的細節處，包含國際觀／個人成長／專業實力／進修／人脈圈等而開啟了部落格人生，因此被出版社看到，也開始有對外的職涯講座，衍生到線上課程以及一對一的職涯規劃，更發展到個人品牌。這些都不是一蹴可幾，而是每個關卡都嘗試突破自我、不要在原地踏步；我可以，你一定也有辦法。

你知道跑馬拉松最難的部分是什麼嗎？

不是跑到一半猶豫要不要放棄，也不是訓練自己的過程，而是：報名。

透過別人的故事，給自己一個機會，思考自己的下一步吧！

推薦序

零工經濟下的勞工困境

李健鴻／文化大學勞工關係學系教授

隨著數位化科技與各種新經濟模式的蓬勃發展，勞動市場也出現了新的發展趨勢，特別是「零工經濟」的興起，吸引了許多勞動者投入，形成了近年來各國勞動市場的發展趨勢。正當零工經濟快速發展之際，零工經濟同時也成為各國共同關注的勞動政策新難題，而各國關注的焦點在於：雖然零工經濟可以提供勞動者以低成本的方式，快速獲得多元的就業資訊，使勞動者可以依照自己的彈性時間，提供適量的勞務，進而獲得報酬，就此點而言，零工經濟確實是一種就業機會的新途徑，但是另一方面，零工經濟同時也創造出一種「勞動力商品化的極度運用新模式」，迫使零工經濟下的勞動者面臨了新的就業風險來源，損害勞動者的勞動權益，對於各國的勞動保護體制，構成新的挑戰。

「勞動力商品化的極度運用新模式」的形成，主要源自於：在零工經濟的運作模式中，數位平台機構都定位自身只是「勞動力的中介平台」，而不是「雇主」，並將勞動者定位為「獨立承攬者」，在這種勞動關係的定位下，勞動者面臨的各種就業風險，包括：高度的就業不穩定、沒有最低工資與工時的基本勞動條件保護、缺乏職災與醫療、失業等各項社會保險，數位平台機構完全不願承擔，完全移轉由勞動者自行承擔。由於當前各國的勞動保護體制，乃是以「受雇勞工」為主要保護對象，而不是以「獨立承攬者」為保護對象，因此當數位平台機構宣稱零工經濟下的勞動者身分是「獨立承攬者」時，這群勞動者將難以獲得勞動保護，在這種情況下，勞動保護體制應該如何提供零工經濟的勞動者獲得合理的勞動權益，已經成為當前各國共同面臨的勞動政策難題。

在《終結失業，還是窮忙一場？》這本新書中，作者莎拉．科斯勒以一種深入淺出的敘事方式，藉由五位從事「零工經濟」工作的勞動者親身經歷，帶領讀者深入了解當前「零工經濟」的運作方式對於勞動者造成的勞動權益損害，引領讀者重新思考「零工經濟」對於勞動者權益的影響，對於想要了解零工經濟的讀者而言，確實是一本值得閱讀的入門好書。

推薦序

走在科技鋼索上的勞動者

孫友聯／臺灣勞工陣線秘書長

隨著通訊科技的日新月異，人手一機的時代提供許多新穎商業模式前仆後繼的養分，各種講求即時和迅速的平台及零工經濟如雨後春筍般出現。與此同時，這種與通訊科技緊密鑲嵌的產業以「新創」的姿態迅速擴散，不僅改變了既有的產業界線，更讓目前受傳統勞動及社會法制保障的職業分類，受到嚴峻的挑戰，許多人投入這些標榜自由、彈性及沒有限制的工作型態，到底是從既有朝九晚五、苦悶但卻受保障的工作中解放，還是陷入更嚴重的剝削之中，成為近年來全球勞工運動關注的議題。

的確，這是一個不容易回應的議題。作為一個長期的勞工運動組織和倡議工作者，對於這種看似不可逆的產業和就業趨勢，當然帶著許多擔憂，畢竟我們不難從學術和媒體的分析察知其中的隱憂，尤其是身處在難以歸類法律從屬性的勞工而言，模糊不清又難以界定的多方關係，總是讓他們擺盪在「正負評」的希望與絕望之間。無疑，這個缺口將成為下一個階段各國社會要認真面對的問題。

然而，誰會選擇零工經濟？這個問題的複雜性往往讓解決問題的努力更為艱難。選擇投入零工經濟者，從擁有技術但卻渴望彈性自主，或基於特殊需求（兼職、求學及照顧等等）而需要彈性自由調配工作時間，到基於就業困境只能選擇進入門檻較低者都有，此外，也有只為滿足因職業轉換過程中的臨時性需求。但根據一份針對歐洲青年就業的調查報告，這類型的勞動已經成為許多青年世代嚮往的一種生活方式，因此，如何填補因分類錯誤進而導致社會和勞動保護不足等問題，確保社會的永續平等，也成為歐盟各國迫切的重要課題。

在臺灣，除了大家熟悉的優步之外，各種零工經濟模式快速擴散，逐漸成為社會的日常。因此，除了理論和法理上的討論，臺灣需要一本書讓關注者更了解相關問題的全貌，而這本書，透過實際對從事零工經濟工作者生命故事的記述，及時的補足這個缺口，值得深深細讀。

推薦序

新經濟模式的誕生，需要新的配套措施

曹新南／1111人力銀行社群中心執行長

這個世界變化的速度，遠比你我想像得還要快。網際網路帶來的資訊爆炸，把創意、技術變革的速度大幅提升，但是，行動網路與定位，結合了各式app的創新應用，更把變化的速度推到了極致。

手機應用程式界有句名言：「只有想不到，沒有做不到」，只要有創意，可以把各網站資訊串聯，把複數的企業、客戶與消費者串聯、結合手機定位提供正確有效的資訊，許多新的生意開始出現，例如一個經典案例：「羊毛出在狗身上，由豬買單。」顛覆了以往的經濟模式與思維。

其實，在許多人還不清楚零工經濟、共享經濟、物聯網、區塊鏈、斜槓人生這些新名詞是什麼之前，這樣的經濟模式早已在你我生活周遭出現，我們多數人，都是看到計程車司機抗議優步違法，看到Foodpanda、Ubereats滿街跑，才開始發現有新的消費模式正在發生。

這本書的作者，長期追蹤與報導零工經濟議題，並且自己也親身體驗接案，在她筆下，五位不同背景、不同專長的當事人，各自因為不同的需求，投入零工經濟。隨著她的描述，我們看到幾位主角的真實經歷，為何要投入、投入後的生活及之後的改變，輕鬆易讀又深入。

零工經濟，給許多勞工新的夢想，正如優步宣稱的：「沒有輪班，沒有老闆，沒有限制」，它代表了獨立、彈性與自由。

想像一下這樣的場景：某個知名手機品牌的產品發表會，想參加的人至少要排隊十二小時以上，這時，只要拿起手機輕鬆輸入，就會有人立刻回應幫你代排隊；自己吃完午餐，有點空閒，打開手機登入優步，搖身一變成為司機，選擇自己想要接的案，賺自己想要賺的錢。每個人都是勞務需求端，也是提供端。自由、方便、快速，一切是那麼美好，為何還要被綁在朝九晚五的工作上呢？

其實，類似代排隊、代買商品、代寫作業、外送食物、代駕等勞務提供，一直都存在，也有許多是以外包承攬的方式出現在我們生活中，而現在，透過行動網路技術，發包案件與接案變得更輕而易舉。

以往，我們打電話叫披薩，該分店自己聘僱的外送員，會在時限要求內送到；現在，我們透過外送app點餐，各餐廳不用自己聘僱外送員，自然會有外送平台合作的外送員會選擇接案，給我們提供最快速美好的消費體驗。

但是，零工經濟是不是真的那麼美好？它引來的相關問題，其實一直沒有停過，包含工作者的身分，不是受僱勞工，不受勞基法保障，衍生出許多依法受僱員工該有的權益都沒有，除了要自己去職業工會投保，工作時間沒保障、也不受基本工資保護，騎車外送過程中出車禍也不會有雇主的原領工資補償，更可能隨時被終止合作關係，卻沒有就業保險的失業給付。

此外，因為是自己接案，生財工具不管是交通工具、油錢、保養、清潔用品、行銷小物等等，當然要自己負責，而不是app平台的責任。

因為彈性，自由選擇，所以平台當然可以不用保證最低能賺到多少錢，我曾看過一個招募外送司機的平台QA，有一個問題是：「新手不熟悉，案子都被老手接去」，平台給的回覆是：「成為老鳥可以提早五秒鐘看到訂單，趕快成為老鳥吧！」

而且，這種性質的工作，是沒有例假日、休息日、國定假日或特休假這種有薪假日的，有工作就有收入，沒工作一切就是零，所以所謂的時間自由，更多時候卻會讓人全時投入，有時候，光是搜尋或等待好案件，就要耗掉不少時間。

在這本書的案例裡，克莉絲蒂為了第一時間搶到CP值較高的工作，鎮日守在電腦前；優步司機亞伯則是與熟客約好，乘客上了車之後，再打開app叫車，確認他就是距離最近的優步司機，確保接到案。

零工經濟平台自身也存在許多問題，包含削價競爭、調整工作者待遇、客戶流失、工作者抗議，或提起訴訟要求確認僱傭關係等等。

我們可以看到的是，不管是新創平台如Q總管，或是提供勞務的當事人，都開始有了相當的反思，也開始有所改變。而這樣的結果，未必是不好，我們可以看到的是，在未來，只會有更多的新營運模式，改變我們的生活，改變我們的僱傭關係，重新思考之後的可能性。

雖然本書描繪的是美國的例子，但是這樣的經濟模式，對在臺灣的我們而言，其實沒有太多的時間差，藉由本書，更可作為我們的借鑑。

獻給我的家人：

黛博拉（Debra）、
史蒂夫（Steve）、
理察（Richard）和艾力克斯（Alex）

PREFACE

前言

第一次聽到「工作的未來」(future of work) 是在二〇一一年，當時我是一個科技部落格的記者，工作內容就是無止盡地聽取新創公司的行銷說詞。

幾十個年輕創業家不約而同向我解釋：未來沒有全職工作 (job) ！沒有人喜歡全職工作，太無趣、太僵化、太威權！這個世界真正需要的，是零工 (gig)。

這番論調以幾種不同的版本呈現。有些新創公司打造電商版的勞力市集，不論小商家還是《財星》(*Fortune*) 五百大企業都能一一過濾勞工個人資料，以個別案子的需求來聘人；有些新創則是比較像工作派遣者，只要有差事要找人做，司機、遛狗人、跑腿的人就會接到手機通知，然後自己選擇要接受還是回絕；另外還有少數公司是採取第三種方式，它們把工作拆成很多小份，只需要花幾分種就能完成，工資也只有幾毛錢。它們把單調乏味、耗時的工作分派給網路上一大批人，像是把影片內容抄寫成文字、檢查全國各地超市有沒有把某個牌子的可樂放在明顯位置。

那些創辦人信誓旦旦向我保證，這些新app的崛起，代表我們很快就會從事自己挑選的工作，而且在自己想做的時間做，不必再替別人賣命工作，而是替自己經營小生意。也就是說，未來不管有多少工作轉移到國外或被機器人取代都無所謂，我們還是能替鄰居工作，還是能找到足以糊口的零工可做，而且還能把那些零工安排在樂團練習、園藝活動等嗜好的空檔。到時不僅是失業的終結，也是辛苦乏味工作的終結。

這種概念深深吸引我，不只因為聽起來比全職工作有趣，還因為喚起了我以前曾經對未來的不確定感。

從小，我的嬰兒潮世代雙親就灌輸我一個觀念：長大成人的任務就是找到一份全職工作，這也是通往尊嚴、保障、獨立的道路。在我成長的威斯康辛（Wisconsin）農業州小鎮，我認識的大人多半有個一聽就懂的職業，譬如老師、律師、技工，也有人在超市或郵局工作。小鎮附近有個很大的雀巢（Nestle）工廠，風吹的方向對的時候，空氣會飄散出巧克力的味道；另外還有一個工廠是製造龜甲萬（Kikkoman）醬油。找得到工作——而不是追逐夢想、追求某種自我實現等沿岸各州會教小孩的事——本身就是一件值得尊敬、有尊嚴的事。

非常渴望轉大人成為一個有工作的人的我，高中前就開始把大半暑假時間都花在一間溫室，負責把香草上的蚜蟲挑掉、把很難搆到的雜草拔掉（當年十三歲的我很瘦，能夠擠進植物之間的空隙）。我爸媽不需要這筆錢，我也不需要，純粹只是出於本能覺得工作很重要。

大家都說千禧世代並不那麼覺得，但是我所認識的千禧世代同輩當中，不重視穩定和安全的人還真不多。也許千禧世代真正的不同之處在於，穩定和安全對我們來說是特別遙遠的概念。在我這個年紀的人所成長的年代，原本對工作深信不疑的概念，說好聽是不斷在變動，說難聽是根本已經不是那麼一回事了。

二〇〇五年念高中十一年級時，我決定以後要當記者；二〇〇七年，新聞編輯部爭相把經營模式搬到網路上，經濟衰退開始；三年後我大四，那年冬天美國的失業率攀升到兩位數，似乎只有念電腦程式設計的人很興奮要畢業了。一想到那些叫人手忙腳亂的履歷表、資料蒐集的面試（informational interview）、就業博覽會郵寄名單，我就夜不成眠，有時甚至還無法呼吸。儘管當時我滿腦子只是求職的事（也因此只想到自己所欠缺），不過比起大多數人，我的焦慮已經很輕微了。我有大學學歷，父母很願意幫助我，當地的溫室也很樂見我再回去做一個暑假，我的情況算很不錯了，但是對於未來，對於周遭的世界，我可就不是那麼有把握了。

媒體不是唯一被科技顛覆的產業。新聞編輯部不斷傳出裁員的同時，其他公司也開始透過網路上的接案市集和人力仲介把白領工作移到海外，還有些工作則是被人工智慧和機器人取代，還留在美國的工作已不再有保障。在股東的壓力下，企業紛紛削減員工福利，轉嫁給員工的風險愈來愈多。等到經濟開始復甦，企業卻開始雇用臨時工、約聘人員、自由工作者，季節性勞工、鐘點工人，因為經濟衰退而消失的全職工作回不來了，接下來五年，美國經濟新增的工作幾乎全都是「暫時性」工作[1]，過去那個維繫安穩生活的關鍵——「全職工作」——似乎已不再是一條理所當然的道路。

身為年輕人，不可能自外於未來，你不可能寧願用傳真也不肯學習使用電子郵件，這種行為沒有人會覺得可愛。當你看到某一種趨勢成形，你就知道自己必然會被捲進去，所以當我聽到創業家們高談一個找工作就像逛市集（bazaar）的世界（有一家零工經濟新創還真的把市集概念用於自己的公司名稱：Zaarly），對我的吸引力自然勝過對白髮蒼蒼老者，我心裡想：我要搭上那個版本的未來，這樣就不必在這個我已經排隊準備加入的大量失業、貧窮版本競逐了。

早在二〇一一年我就寫出第一篇零工經濟報導，當時還沒有「零工經濟」（gig economy）這個名稱，那篇報導的標題是「網路零散工作：新創如何讓你給自己金援」[2]，儘管接下來七年更換了好幾份工作，我對零工經濟的著迷卻不曾改變。我先是看著零工經濟成為創投一窩瘋追逐的寵兒、成為新的熱門議題、成為大範圍經濟問題的現成解方，接著剝削勞工的報導開始浮現，我聽到原本自誇打造出「零工經濟」的公司卻開始撇清關係，我也看到零工經濟展開迫切需要的對話，討論如何在科技顛覆工作的同時保護勞工。

我知道得愈多愈明白，新創圈所講的「工作的未來」儘管有讓人安心的作用，卻只講了一半。沒錯，零工經濟可以替某些人創造機會，但也會把原本就有的問題放大：缺乏保障、風險增加、缺乏穩定、損害勞工權益。零工經濟打動了很多人，其中有些是有錢人，有些是窮人，有些有權力，有些沒有，對每個人的衝擊並不相同。

本書內容就是其中五個人的故事，而不是對零工經濟做鳥瞰式的全面關照。任何經濟都是由人所建立的，這本書講的就是這些人的故事。

PART

1

工作的終結

01 CHAPTER

一個非常古老的新點子

二〇一一年的「西南偏南音樂節」（South By Southwest，簡稱SXSW），餐巾紙印上QR code，廣告傳單如降雨一般從派對樓上包厢落下，烤起司三明治是免費的，由群聊app「GroupMe」提供。

在德州奧斯汀（Austin）舉行的這個知名音樂節，眾家新創公司期待的是「互動」（interactive）部分，就像人氣很高的高中生期待畢業舞會一樣。一般預料，其中一家新創公司將被冠上「爆紅」一詞──如同Twitter過去在SXSW向精通科技的群眾介紹其app而「爆紅」一樣──取決條件完全在於夠不夠吸睛，而這通常跟行銷花招有關。

那一年，優步（Uber）只是個少有人知的app，為有營業許可的區域型私人汽車業者提供派車服務。它在SXSW採取打游擊的行銷方式，提供三輪腳踏車隨叫隨到服務。

這家新創在一百輛三輪計程車掛上廣告，上面寫著「IU」字樣，旁邊畫了一個塗黑的德州圖形——我猜意思是：I Uber Texas（德州任我優步）。公司高層接受部落客訪談時，滿懷希望地建議乘客貼出自己搭車的照片，並且加上hashtag（主題標籤）#Uberspotting（猜優步）*。該公司的部落格解釋說：「如果你是第一次使用優步，請做好準備，你即將體驗到未來的運輸。」上面還說優步的叫車過程簡單到「就算喝醉也沒問題」。

短短不到幾年，優步將會成為全世界最有價值的公司之一。它讓任何人都可以開計程車賺錢（一開始優步只跟職業駕駛合作），而且車資（當時是十五美元起跳）會持續降低，在某些城市甚至低到可和大眾運輸競爭；它募到的創投資金將會超過一百二十億美元，（紙上）市值甚至比通用（GM）、福特（Ford）等百年企業還高；它的營運模式將會帶動一種全新種類的新創公司崛起；它的運輸服務也將在消費者心中樹立新標準：所有服務都應該「一有需求即到位」（on demand，以下以「隨需」稱之），只要按個鍵就可取得——這種觀念將重塑服務業、零售業、數位介面設計。

---

* 仿《猜火車》電影片名 trainspotting，原意是指英國無所事事的年輕人到鐵軌旁猜火車到站的時間。

可是在二〇一一年的SXSW，優步看起來只是又一個夢想罷了。

當時我是某個科技部落格的記者，我所寫的〈二〇一一年SXSW有爆紅潛力的十三大app〉[1]，在音樂節登場前一個星期刊出，裡面列了四個群聊app、一個可將手機變成對講機的app（因為我莫名認為對講機比手機好？），還有兩個幾乎一模一樣的照片分享app（其中一個是Instagram），優步不在名單中。

我不是唯一忽視優步的人。優步雖然很認真在社群媒體做行銷，但是SXSW那一年互動類將近兩萬個與會者之中，只有大約五個人使用#Uberspotting主題標籤。

一年後的SXSW，優步為與會者端出快遞烤肉服務，獲得的注目依舊少得可憐。那年的媒體焦點圍繞在一個名叫Highlight的app，同在附近的陌生人如果有共同的朋友和興趣（以社群媒體的帳號資料為依據），手機就會發出嗶嗶聲。「我們找人的方法一直很沒有效率，」Highlight創辦人在採訪中很認真地告訴我[2]，「而我們並不知道有多糟，因為一直都是這樣。」他非常認真地認為人類的交流方式不行，而他所推銷的app可以有效解決這個問題。Highlight的媒體宣傳隨處可見，我參加的一場座談上，一個愛開玩笑的主持人甚至發起一個偽飲酒遊戲：「Highlight每被提起一次就喝兩口——然後打自己一拳。」相較之下，沒有人在談優步。

當時我也不看好優步會成為主流工具，所以搭乘優步贊助的三輪計程車時，註冊app時用的是工作的電子郵件信箱，因為我不希望私人信箱收到垃圾郵件。

還要再過兩年，優步才終於成為矽谷寵兒（這時Highlight已幾乎完全被人遺忘），而且它的「爆紅」跟行銷噱頭完全無關。

二〇一三年，優步募到一輪高達兩億五千八百萬美元的創投資金，投資人是Google旗下的「Google創投」（Google Ventures），根據高克傳媒（Gawker）科技部落格的說法，這筆投資金額之高，令人「瞠目結舌」。[3]

這筆兩億五千八百萬的投資之所以非比尋常，原因之一是優步跟當時炙手可熱的app沒有什麼共同點，那時當紅的app是分享照片、把手機轉為對講機、在街上進行社交。現在回頭看，那些「有爆紅潛力的app」雖然聽起來瑣碎無大用，甚至愚蠢，但都有短時間內進帳大筆獲利的潛力（Instagram和Snapchat就是在這個時期嶄露頭角），這是大多數公司沒有的條件。Facebook二〇一二年以十億美元買下照片分享公司「Instagram」（我個人的「二〇一一爆紅app」名單上最成功的一家），當時Instagram的用戶高達三千萬，但員工只有十三人，包括創辦人在內，換算下來，每個人的價值超過七千五百萬美元。

創投特別鍾愛Instagram這種以極少基礎建設就能大躍進的公司，對長期慢慢穩定成長的公司通常看不上眼，像運輸這種販賣真人服務的公司也是，直到二〇一三年。

優步改變了這種現象。這家公司沒有買車子，也沒有僱員工，而是做了兩個app，一個給消費者，一個給司機。消費者提出乘車需求後，優步就會發通知給附近的司機（他們用自己的車子做這份工作），付款部分由優步經手，然後抽取佣金。和Instagram一樣，優步需要努力成長的部分只有：app下載次數。這家新創找到了方法，知道如何把一家類比服務公司經營得像是一家軟體公司。

優步宣稱自己是科技公司、不是運輸公司，以此規避了計程車牌照、特殊車牌等政府用來規範計程車和大客車的制度，這種做法很快就引發它和監管單位的戲劇性衝突，不過，優步看似無窮的成長潛力還有一個極為乏味的關鍵（重要、有用的東西通常都很乏味）：課稅分類。

優步將旗下司機稱為「獨立承包人員」（independent contractor）*，給自己免除了大部分國家政府所規定的雇主責任，在優步誕生的美國，更是幾乎把雇主所有責

* 也可譯為獨立承攬勞動者、獨立承攬人，以下統稱為獨立承包人員。

任全免了。勞工如果被歸類為「雇員」（employee），就連喝咖啡休息，雇主都必須付薪水，雇主必須依照反歧視法來對待雇員，同時必須撥款進政府為退休與失業所架構的社會安全福利網，還有，就算經營環境丕變，雇主要解聘雇員的難度也很高。

以上這些責任完全不適用於獨立承包人員，他們也無權根據美國聯邦集體協商法律來組織工會，企業也毋須提供訓練、設備、福利給他們[4]。其他國家也相去不遠，只是程度比較輕微一些。以英國來說，雇主不必提供病假和假日的薪水、保證基本工資等福利給自僱的承包人員。

一個以獨立承包人員身分替優步工作的司機，汽車、汽油、刺鼻的空氣清新劑都得由他或她自己提供（大多是他，到二〇一五年十二月為止，美國司機有八成一是男性）[5]，咖啡錢、健保費也得自己買單，生意相關的種種責任（包括稅）也得自己承擔。換句話說，對優步來說，一個司機跟一段電腦程式碼沒什麼兩樣，是優步在還沒辦法讓車子自己駕駛之前（研發自駕車很快就成為這家公司的第一優先），所能找到的最佳替代工具。

這種策略在投資人看來似乎很聰明，但其實並不新。比優步問世早數十年，矽谷的公司早就開始把工作轉移給獨立承包人員、轉包人員（subcontractor）、派遣工，以此來降低成本、減輕負擔。從派遣工仲介公司「凱莉服務」（Kelly Service）一九七一年刊登的廣告（如下），就可一窺客戶想透過這類公司找到的勞工類型：

不休假，不放假。

不要求加薪。

不花一毛錢就可裁掉（工作量減少就叫他走人）

不會感冒，不會椎間盤突出，也不會牙齒鬆動（反正不會占用上班時間就是！）

不花你一毛錢的失業稅和社會安全福利金（文書工作也省了！）

不花你一毛錢的員工福利（每一塊錢薪資最多有三成用於員工福利！）

保證滿意（派遣的雇員不適合的話不必付錢）[6]

到優步成立的二〇〇九年，全美已經有百分之十三的人口是自僱者或獨立承包人員，計程車司機也幾乎全部都是。其他的另類聘僱也在成長。大約百分之四十五的會計師、百分之五十的資訊科技（IT）人員、百分之七十的卡車司機是以約聘方式工作，而不是他們所服務公司的全職雇員[7]。美國的派遣工人數也一路攀到歷史新高。

到二〇一六年，美國和歐盟有兩成到三成的勞動年齡人口是自由工作者[8]，如果再加上鐘點計時工作，根據某些估計，美國非全職工作的勞動人口有四成之多[9]。優步只是搭上了企業這股浪潮——盡可能少僱全職員工——然後修改成適合智慧手機年代的版本。

對創投業者和消費者來說，優步是一套很棒的模式，其技術無疑是原有招車方式的大躍進（都已經是線上購物、用app約會的時代了，竟然還得站在路邊舉手，巴望有計程車經過）。在優步證實Google創投的大筆投資之後，過了幾個月，有資料外流到媒體手上，該數據顯示優步每週新增八萬個用戶左右（跟Instagram二〇一〇年底每週新增用戶一樣多），並且暗示優步到該年底可望賺進兩億一千萬美元[10]。成功看來是必然。

成功的新創必然會出現仿效者，而優步更像是掀起了一股淘金熱。創業者和創投業者突然紛紛想把矽谷眼中太遲緩的類比產業都套上優步模式。

如果說SXSW是新創圈的高中畢業舞會，那麼TechCrunch就是新創圈的啦啦隊，這個科技部落格用以下標題大肆宣傳各種「××優步」app的誕生：

「Postmates志在成為快遞界的優步」

「想試試『割草優步』嗎？」

「BlackJet，私人飛機優步，推出其iPhone app」

「所以我搭了『小飛機優步』」

「這是STAT，一家想成為「醫療運輸業優步」的新創公司」

美食優步、美酒優步、清潔優步、快遞服務優步、按摩優步、日用採買優步、洗車優步，甚至割草優步等新創紛紛冒出來，優步自己也暗示將把其商業模式擴大到運輸以外的行業，執行長崔維斯・卡拉尼克（Travis Kalanick）告訴財經媒體《彭博》（*Bloomberg*）：「優步是生活方式和物流的結合。所謂生活方式是『把我想要的東西給我，而且現在就給』，而物流則是把東西運送到想要的人手上……如果你都能在五分鐘內把車子送到，那麼有很多東西也同樣可以在五分鐘內送到。」[11] 這背後的邏輯是：由於優步的商業模式用於叫車是可行的，所以用於其他任何服務也行得通。

根據TechCrunch的投資資料庫，到二〇一三年底已經有十三家以「××優步」

自稱的新創取得創投資金。而根據《紐約雜誌》（*New York Magazine*）的計算，到二〇一四年，光是在洗衣這個行業，「××優步」的新創竟然就有十四家！

到最後，那些公司所仰賴的微創業獨立性，會在法庭上受到挑戰；會有勞工開始覺得「隨需」工作帶來的是剝削而不是解放，原本有如烏托邦美好的論述開始複雜化；這種後來所謂的「零工經濟」會開始引起另一種矚目，因為整個經濟對這種未來職場毫無準備。

不過在「××優步」鼎盛時期，新創圈少有人面露憂心。零工平台「跑腿兔」（TaskRabbit）當時的執行長就說：零工經濟正走在「徹底顛覆全世界勞動力」的路上[12]。

02
CHAPTER

沒有輪班，沒有老闆，沒有限制

到二〇一四年底，優步已經進軍巴黎、雪梨、倫敦，勢不可擋，財經雜誌《快企業》（*Fast Company*）還因此做了一篇〈優步如何征服全世界〉[1]的報導。這家成軍才五年的新創公司，幾乎每隔一天就在一個城市推出，不只是國際化都市，就連密西根州的佛林特（Flint）、威斯康辛州的密爾瓦基（Milwaukee）、猶他州的鹽湖城（Salt Lake City）這些計程車向來不普及的城市也沒放過。

優步沒有什麼實體辦公室，也沒有汽車，所以它在各個城市的「成立」，基本上就是一個行銷活動，鎖定兩個族群：司機和乘客。針對乘客，優步提供免費搭乘——在密蘇里州堪薩斯市（Kansas City）的免費試乘長達整整兩週，在鹽湖城最多可免費試乘二十趟——並且找來當地名人，其中一個是密爾瓦基籃球明星布蘭登・奈特

（Brandon Knight），邀請他搭乘優步在當地的首發。

針對司機，優步則是打出一個比免費還有力的口號，簡單扼要地寫在廣告看板上，大刺刺刊登在紐約市計程車管理協會（Taxi and Limousine Commission）辦公室旁邊：沒有輪班，沒有老闆，沒有限制。

這三個「沒有」就是零工經濟公司接下來數年吸引勞工的基調。擺脫朝九晚五工作的打卡暴政、擺脫獨裁老闆、擺脫有限工資和有限機會，開優步代表你是自由的，不只是**自由**，你還是個**創業者**。

優步不光是用廣告看板來散播這個訊息，更建立了一套吸引司機加入的行銷方案。司機如果成功召募一個朋友加入就有獎金可拿，通常是兩百美元左右，這種獎金制度很快就成為零工經濟的標準模式[2]。對某些人來說，這筆獎金是這項工作另一個誘人之處，不只可以補貼開車收入，同時也能以小小的業主、創業者、科技圈一員的身分示人。用這麼一點點成本，優步就打造出一支熱忱滿滿的推銷大軍。

曼杜．胡賽恩（Mamdooh Husein）就是因此成為優步司機。

二十八歲的胡賽恩是服務生，住在堪薩斯市，媽媽和所有人都叫他「亞伯」（Abe），他聽一個同事提到優步這個叫車app時，一開始半信半疑。大半輩子都住在堪薩斯市的亞伯，從來不曾有搭計程車的機會，他無法理解這種本質是計程車的生意在這個城市要如何營運，也不懂朋友如何能如嘴巴上所說，每週賺到五百美元淨利。他想要看到證明。

下班後，亞伯和他的實質介紹人開車到堪薩斯市的商業區——一個帶狀的現代化市中心，像是一個戶外購物商場——然後打開優步app。幾乎馬上，優步開始像豬一樣到處嗅到工作，手機立刻叮噹作響，好像遊戲電玩不斷掉出金幣。

優步或許不是詐騙，亞伯心想。他判斷得出來，因為他被騙過，最近一次是一個老鼠會詐騙，它掛保證可以幫助他變成百萬富翁，騙走他好幾千美元。

那是二〇〇九年，他加入凱文・楚多（Kevin Trudeau）成立的團體，楚多是電視上的推銷名人，寫了一系列書籍，包括《「他們」不想讓你知道的自然療法》（*Natural Cures: "They" Don't Want You to Know About*）、《「他們」不想讓你知道的經濟衰退解方》（*Recession Cures "They" Don't Want You to Know About*）——「他們」不想讓你知道的事還包括「解決債務」、「人人有份的金錢」、「減重療法」。楚多那套使亞伯陷入財務困境的祕方是十四張授課CD，標題是《願望就是指令：任何人都可以發大財》（*Your Wish Is Your Command: How Anyone Can Make Millions*）[3]。

楚多告訴聽眾，只要打進一個菁英人脈網路（亞伯深信美國總統也在這個網路中），就可以變成百萬富翁，這個網路的名字很威：全球訊息網路（Global Information Network），縮寫是叫人醉醺醺的GIN（琴酒）。根據楚多的說法，GIN最高層是掌控一切的「圈內人」，最底層是身價不到百萬的低下人，底層的人付錢取得「往上進階」所需的訊息。當然，要往上進階的話，就需要揪人加入社團，而所謂揪人就是賣「工具」，大多是有聲書，傳授GIN相關資訊以及「吸引力法則」。

亞伯沒有女朋友，親密好友也不多，回教徒繼父和基督徒媽媽養大的他，在繼父的堅持之下，成長過程嚴守宗教戒律——齋戒月禁食（至少也要假裝禁食）、晨起禱告。自從拒絕伊斯蘭教之後，他就很少跟父母在一起。他現在住的房子據他說是存了好多年才買下，屋子裡跟他的人生一樣空虛，家徒四壁，只有一套複雜的保全設備（「我住在貧民區」，亞伯說），省吃儉用的他，甚至拿充氣墊當床。

GIN不斷餵養亞伯的野心，說他可以變有錢、可以變成重要人士，不必辛苦受教育，也不必受上司的頤指氣使。GIN課程建議聽眾遵循「吸引力法則」，也就是超級暢銷書《秘密》（*The Secret*）宣揚的那套理念：思考的正面與否會決定人生經驗的好與壞：只要深深相信某件事，某件事就會發生。

亞伯著了魔似的想打進ＧＩＮ「圈內人」，為了營造他有達到業績目標的假象，他捏造人名加入，代他們支付一人一百五十美元的促銷「折扣」入會費。

可是，根本就沒有所謂「圈內人」，如同後來一位法官所說：楚多「徹頭徹尾就是詐騙」[4]。他推銷另一本暢銷書《「他們」不想讓你知道的減重療法》（*The Weight Loss Cure "They" Don't Want You to Know About*）——這本書鼓勵讀者每天只攝取五百卡路里的熱量——所宣稱的種種謬論，最後遭到聯邦交易委員會（ＦＴＣ）開罰三千七百萬美元以及十年徒刑。ＧＩＮ最後被踢爆是規模一億一千萬美元的老鼠會騙局，詐騙了三萬五千個會員。

加入ＧＩＮ之後，亞伯不知不覺深陷負債泥淖。根據他自己的估算，他有十年的時間還不起任何一毛欠款；加入ＧＩＮ幾年後，他被控告欠錢不還。他繳不出稅金，房子遭到「留置」*。以上種種足以說明他為何對任何新商機都戒慎恐懼。

聽在亞伯耳裡，優步的推銷說詞熟悉得叫人不安。優步的意思是他的財務會是獨立的——身分是創業者，而不僅僅只是勞工——而且還引誘他去揪朋友。

---

* 借貸人如果沒有履行償還義務，債權人可發出「留置權」，主張擁有出售抵押該資產的權利。

優步開了一間子公司「交換租賃」（Xchange Leasing），以德拉瓦州（Delaware）為據點，專做汽車次級租賃服務，二〇一五年刊出廣告大大寫著「不論信用評等如何，任何人都可申請」，司機申請租車之後，「交換租賃」每週會直接從司機的收入扣除車款[5]。在紐約，多年來優步都是把司機轉介給提供類似次級借貸的車商（優步如今已關閉「交換租賃」，紐約的次級租車方案也已喊停）[6]。招募新司機時，優步的說詞很像鍥而不捨的推銷員，極力鼓吹這些租賃融資方案，舉個例子，想加入的司機只要一把電話號碼交給優步，就會開始收到一連串訊息，就像紐約市以下這個實際例子：

星期一早上 8:28 ——

本週就開始！下一步是約個時間到優步公司一趟。**保證**第一個月就可賺到六千美元！

星期一晚上 12:09 ——

需要上「輪椅乘客協助課程」才能換駕照嗎？安排時間來上一堂免費的課，早中晚都可。

星期二早上 9:51 ——

Fast Trak Leasing 推出新舊車租賃及租購服務！**有新優惠！**

星期三早上 8:02 ——

下一步是約個時間到優步公司一趟。今天就開始，**保證**第一個月就可賺進六千美元！

星期四早上 9:25 ——

準備開始開車了？到我們的新據點來一趟，然後就可以開始了！

星期五早上 8:02 ——

現在開始開車時機正好！**保證**第一個月就可賺進六千美元！

星期五上午 11:23——

這個週末就開始！本週末跟 Buggy TLC Rentals 租車，第一週車款就可折抵五十美元。

優步推銷得很積極，把預期心理拉得很高，還鼓勵司機租用符合優步標準的車輛，有時它的承諾叫人很難相信，不過，亞伯和同事在堪薩斯市開車到處逛的時候，優步的 app 持續響個不停，是真的有人在叫車，所以他開始相信這確實是一個好機會。

「我看到 app 響個不停，」亞伯回憶，「然後我心想：哇，使用這個服務的人好多，或許真的有錢可賺。」那星期稍晚，亞伯就註冊加入。

○○○○○○

逃離工作的死板和順從，一直是所有人長久以來的夢想，不過，優步招募司機所用的推銷詞——自主、彈性、自由——似乎特別投合某個年齡層的偏好，這個族群是每個關心世代轉變的行銷人員、趨勢家、社會學家幾乎都很著迷（甚至癡迷）的研究對象：千禧世代。

在問卷調查中，千禧世代把個人生涯發展和彈性放在現金獎勵之上，對自己時間的運用有更高的期待，把「工作和生活取得平衡」看得比其他面向（工作環境良好、工作穩定、工作有趣等等）更重要。

那些調查結果——配上大衛．艾登堡（David Attenborough）給野生動物紀錄片做的旁白聲音尤佳——造成社會普遍認為千禧世代「這種極有趣的物種」要把職場給掀了。《富比士》（*Forbes*）專欄首先發難：「要是千禧世代得逞的話，朝九晚五工作可能很快就會變成歷史遺跡」[7]；接著是《紐約時報》（*New York Times*）問道：「千禧世代（大約一九八〇到二〇〇〇出生的人）將會往好的方向翻轉企業文化？是的，如果企業聽得下去的話」[8]；《華盛頓郵報》（*Washington Post*）則是用比較尖酸的方式提出同樣看法：「這個嬌生慣養、誇獎過頭、自信無限的世代……即將湧入職場，到二〇二五年會占美國勞動人口的七成五，他們會把一切都改掉。」[9]

不過，這樣的調查結果——千禧世代對工作的認知與父母輩大不相同——完全不足為奇。假設你是千禧世代（如果你真的跟美國勞動人口最大主力一樣，是千禧世代，那就不必假設了）[10]，你會喜歡彈性、自由的工作嗎？

當然喜歡！所以那樣的調查結果完全不令人驚訝。但是比起過去每個世代的年輕人（過去的年輕人同樣也渴望擁有更多獨立自主），你這個有專業技能的千禧世代更容易拋掉傳統的全職工作，因為現在有網際網路！

這種現象可以用一個古典經濟理論來解釋[11]：如果做生意的成本（推銷、管理財務、跟客戶溝通的成本）高於報酬的增加，人們就會選擇加入律師事務所、藥廠等公司，不會直接去市場販售自己的技能。然而在網際網路的協助下，做生意的成本已經愈來愈低，甚至完全消失。現在有語音留言和電子郵件，不再需要總機小姐（就算真的需要，也有虛擬的私人助理可聘僱，一個小時只要五美元左右）；記帳工作可以交給軟體程式；而對專業人員來說，透過網路工作連辦公室都不必租了。

以前，如果不想從事傳統工作但想有收入，就得先拿一大筆錢出來投資，現在不同了。隨著零工經濟平台開始進軍各種白領工作，清除了獨立工作最後一個大障礙：找工作的管道。不論你是年輕人還是老人，獨立工作的概念同樣有吸引力，雖然零工經濟常常被描繪成是年輕人的發明，但是參與者不分老少。歐洲和美國有四成六到六成的年輕人從事獨立工作，而這只占所有獨立工作人口的四分之一左右[12]。

二十八歲、住在紐約市的柯棣斯．拉森（Curtis Larson），就是其中一個。

加入零工經濟之前，柯棣斯每天早上從公寓走去做一份傳統的辦公室工作。那是一份不錯的工作，位於摩天高樓，是兩年前（二〇一三年）還沒從大學畢業的他很樂意排隊踏進的辦公室，但是他現在已經受不了。

一個跟平常一樣的日子，他不到兩、三個小時就做完手上工作，剩下的時間只能拚命找事做（任何事都好）。公司要他人出現在辦公室，給他的工作量卻填不滿工作時間。

一開始他會另外提一些工作計畫，但是等團隊或上司審核要等上好幾天，而且常常遭到駁回，他只好把午餐到下午五點這段時間拿來閱讀駭客新聞（Hacker News）科技論壇每一篇文章、觀看Twitch（專門直播遊戲玩家打電玩的網站）。進入職場還不到兩年，柯棣斯已經無聊到快抓狂，每天清醒的時間有一大部分都在虛耗。

一月一個快凍僵的晚上，他在走回家的路上做了個決定，不想再忍受這樣的企業雇員生活。那天夜裡，他撥了清晨六點四十五分的鬧鐘，比平常上班日的起床時間早三個小時。隔天一早鬧鐘響起，他便帶著筆電到附近的星巴克咖啡店（Starbucks），開始做一個他取名為Crontent的網站。這個網站會將Twitter、Facebook等社群網站的貼文集中起來，整合成一份每日摘要，使用者在這裡就可以看到朋友所貼的每一則重要新聞。Crontent這個名字是content（內容）加上cron——cron是個科技術語，指每天自動重複執行的指令。

這個名字很爛，大多數人並不是程式設計師，看不懂其中的笑點，不過沒關係，柯棣斯做Crontent並不是為了招攬用戶，他討厭推銷、行銷、廣告（所以才會被寫程式給吸引），他做Crontent是想向新創公司證明他有真材實料。

結束早上星巴克的短暫停留後，他就去上班。在公司，做完當天的工作後，他會瀏覽TechCrunch和駭客新聞，尋找可能需要他才能的新創公司，這成了他的日常。

幾週後，一次例行的瀏覽過程中，一個與眾不同的新創公司抓住他的目光，該網站的廣告寫著：「協助組建全世界的工程部門。」

他再仔細一看，這個名為Gigster的網站似乎不是在找「員工」來組建全世界最大的電腦工程部門，而是要招募可以依照自己的時間獨立作業的承包人員——或稱「遠距人才」（remote talent）。網站上的行銷文案寫著：「工作的本質正在改變，未來，公司行號會紛紛起用遠距人才。」[13]

優步讓人人都能開車賺錢，同樣地，Gigster也把零工經濟應用於軟體開發這個專業人才非常稀缺的領域。美國勞工統計局（Bureau of Labor Statistics）估計，二〇二〇年會有一百四十萬個電腦方面的工作，但是電腦科學畢業生只有四十萬人[14]，這就是為什麼Facebook、Google就連實習生的工資都高於一般美國勞工[15]。

Gigster之所以能成功，一個原因是企業聘請全職電腦工程師很貴，Gigster給企業提供了一群按件收費的工程師，企業就不必傷腦筋要提供免費餐點、衣物乾洗等周到的福利（這些已成為科技公司必備的福利）。

柯棣斯以「遠距人才」的身分工作過，不過當時他對工作的認知是「自由接案」，聽起來不像「遠距人才」那麼了不起。大學畢業前的夏天，他在馬里蘭州（Maryland）東岸的家鄉設計網站，但那只是賺學費的方式，他從未想過以自由工作者為職業，在他的想像中，畢業後當然要找個全職工作。然而，他的全職工作卻令他厭倦到決定試試Gigster。

唯一令他卻步的是漫長的面試，一想到面試，他就心生畏懼。念大學時，他空閒時間都在寫程式，譬如寫一小段程式碼來自動產生六十首一分鐘長的歌曲片段，供「充電時間」遊戲（power hours）之用（「充電時間」是喝酒時玩的一種遊戲，一個小時播放六十首長度一分鐘的歌曲，每放一首，參加者就要喝掉一小杯啤酒），但是對於那種在真實世界找不到應用之處的主題，他就很難聚焦，譬如他上過的大部分課程以及科技公司在面試時會問的問題。

柯棣斯曾經接受Google的面試——根據《財星》雜誌二〇一五年的調查，Google是千禧世代最嚮往的公司——那是長達五小時的漫長過程。他提心吊膽地站在一塊白板前，各個不同單位的主管慢慢走進來，問一些跟他所應徵的工作毫無關聯的深奧問題，然後看他邊解釋邊畫出答案。他的表現很差，長達一整天的面試才開始沒多久，他就知道自己沒希望了。那種感覺爛透了。

得知Gigster的面試過程完全不是那麼一回事之後，柯棣斯鬆了一口氣。Gigster的面試是透過打字對談，所問的問題全跟他有沒有能力勝任有關，沒有那種測試理論知識豐不豐富的深奧燒腦遊戲。Gigster沒有理由在乎他能不能融入公司文化、有沒有成長潛力、是否能團隊合作，他如果錄取也是一人獨力完成工作，所以完全只看他現有技能行不行。

柯棣斯被問到的問題包括：「如果必須寫（某一段程式碼），你會怎麼寫？」、「好，那要是這樣寫行不通呢？」解決問題正是柯棣斯的強項，這場面試他輕鬆過關。Gigster只找百分之七．七的應徵者來面試，柯棣斯是其中之一。現在變成他得決定要不要接受這份非全職的工作。

Gigster旗下的程式設計師雖然是做新創公司的案子，但這種接案工作沒有一舉賺大錢的機會（這種機會正是草創初期的新創吸引人的誘因），有股票可拿的員工才有[16]。儘管如此，比起坐在企業大樓打發時間，加入Gigster看來是有趣很多的機會。

柯棣斯不是那種只憑一家沒沒無聞接案服務公司的承諾，就馬上辭掉工作的人，他必須全盤做個評估。他的存款已足夠支應一年的花費；接下來他去諮詢了會計師；他研究了健康保險方案，發現若要延續他現有的保險方案，自付保額太貴（沒有雇主分攤保費的情況下，他每個月要繳六百美元才能維持現有的保險方案），他透過歐巴馬政府「平價健保法案」（Affordable Care Act）的健保比價網站，找到每個月只需繳兩百到三百美元的方案。他打開試算表，把保險支出填入，再輸入每個月想存入退休儲蓄帳戶的金額、預計稅額（一旦從雇員身分轉為獨立承包人員，稅金會多一倍），接著他瀏覽Gigster網站，上面列有各種工作案子以及報酬，然後他估算需要接多少工作才能放心加入Gigster。

結果他發現，以獨立承包人員身分在Gigster接案的報酬，跟他全職工作的薪水差不多，每個月一萬美元左右。他突然意識到，踏上零工經濟是很合理的一步，介於創業（他還沒準備好）和替人工作（他很痛恨）之間。

九月某個週五，柯棣斯把頭探入老闆的辦公室，告訴她，他要辭職加入零工經濟。主管問是不是有可能把他留下，沒有。公司讓他選擇是不是再多做兩個星期，他決定馬上走比較好。離開的時候，他到公司餐廳，把背包裝滿免費的花生醬糖、墨西哥辣椒薯片、多到爆的袋裝燕麥片，毫不吝嗇的零食供應是這份工作最棒的地方。

隔天，星期六，柯棣斯點了平常到星巴克必點的咖啡，開始上工。

他自由了。

03

CHAPTER

爛選擇當中的最佳選擇

克莉絲蒂．米蘭（Kristy Milland）是一個小孩的母親，住在加拿大多倫多，她投身零工經濟不是因為渴望致富或想脫離全職工作，而是走投無路。

克莉絲蒂沒有大學學歷，也沒有資本，不過她有貨真價實的創業精神：願意嘗試新事物、賣東西、創業，而且失敗了就重來。

許多年前，女兒快要出生之前，她從高中休學，丈夫忙著找工作，她則忙著把政府救濟金用到極致：用試算表記下每一種家用品在哪家商店購買最便宜、剩菜剩飯再利用、用折價券採買、到一元商店買嬰兒服。後來她報名加拿大首批線上課程之一，在家完成高中學業。

等到丈夫終於在派遣工介紹所找到工作之後，她開始自學網站架設，還開了一家日間托育中心。除此之外，她還做一些零工，像是從車庫拍賣把小熊維尼玩偶和施華洛世奇（Swarovski）水晶搶救下來，拿到網路上販售。更不尋常的是，她架設了形形色色的粉絲網站，從兒童玩具到電視節目都有。

其中最成功的一個，是她從無到有一手創建的電視實境秀粉絲論壇。克莉絲蒂會熬夜看《老大哥》（*Big Brother*）拍攝現場的實況直播（網路上看得到，是節目的宣傳之一），搶先在剪輯好的節目播出之前報告各個人物的最新發展。為了從網站獲利，她還自學如何銷售廣告與訂閱量。

等到丈夫在雀巢工廠的派遣工工作轉成正職之後，他們的日子就好過了一些（根據克莉絲蒂的說法，就丈夫所知，他擔任派遣工的時薪是十一美元，而介紹所可以從他一個小時的工作拿走十七美元）。工作本身並沒有不同，派遣工的工作內容和正職沒有什麼兩樣，大部分主管根本搞不清楚哪個是派遣工、哪個是正職員工。不過轉成正職後的時薪幾乎是原先的兩倍，再加上克莉絲蒂的零工創業，夫妻倆過了十一年大致算舒服的生活。

然後到了二〇〇七年，經濟衰退來襲。丈夫工作的雀巢工廠賣掉，克莉絲蒂知道她得從頭再好好計算財務收支。

「自由工作者工會」（Freelancers Union）和Upwork接案平台二〇一六年委託進行的調查顯示，全職的自由工作者有百分之二十沒有健康保險，相較之下，到二〇一六年底為止，全美非高齡人口沒有健保的比例是百分之十．三[1]。

不過，在克莉絲蒂一家人居住的加拿大，少了丈夫的健康保險並不算嚴重，因為醫療健保是政府支出。克莉絲蒂倆夫妻不會因為丈夫失業而失去定期看醫生的機會，只是並非所有處方藥都有健保給付，而且沒有另外保險的情況下，他們每個月還是得繳兩百五十美元（處方藥的花費要超過一千五百美元之後，政府才會給予額外補助）。

克莉絲蒂的先生可拿到十一個月的遣散費（工作一年領一個月，他在雀巢總計做了十一年），但是這筆錢花完之後就得有另外的財源才行。

《老大哥》網站賺的錢並不足以過活，就算克莉絲蒂打算賣掉網站換取一筆小錢（在Twitter和Facebook即將成為電視節目討論平台之際，這不啻是明智之舉），還是無法養活一家人。日間托育中心在他們搬到另一個社區之後已經收掉，而在eBay販售車庫拍賣品也只是杯水車薪。

克莉絲蒂多年前在電話客服中心做過一點點客服工作，發現自己並不喜歡受人管控，漸漸地，這種喜歡在家工作的偏好，卻變成欠缺職場工作經驗。她沒做過餐廳服務生，沒有速食店的經驗，沒學過任何可用於工廠的技能。她應徵過麥當勞的工作，結果連打電話要她去面試都沒有。經濟衰退之後，工作更難找，而且大多是克莉絲蒂不夠資格或沒有經驗的工作。

不過克莉絲蒂是那種一定會找到出路的人。二〇一五年我認識她的時候，她年近四十，一頭金色長髮有時會用髮圈綁起。她的外表絲毫稱不上威嚴——她有一雙淺粉紅色卡駱馳鞋（crocs）——但是透著一種決心，堅定相信自己的想法，後來一位學術研究人員甚至用「令人生畏」來形容她。身為網站版主，她正面槓上企圖以洩漏節目機密為由要她關站的電視台；提供托育服務的她，碰到耶誕節前一週大部分家長不付錢時，她拿著一封信一家一家走到他們門前，向他們解釋她自己的耶誕晚餐都沒錢吃了，要求他們付錢。如果克莉絲蒂的生計無以為繼，絕對不是因為她不嘗試，也絕對不是因為她不肯奮鬥。

她第一個念頭是在Mechanical Turk（機械土耳其人，以下稱MTurk）多做幾個小時。MTurk成立於二〇〇五年，是亞馬遜（Amazon）經營的網路「眾包」平台（crowdsourcing，把工作外包給群眾），客戶在上面張貼工作訊息，然後「一眾」勞工從中挑選工作來做。這個過程跟Gigster沒有太大差別，只是MTurk上面的工作通常很簡單，工資只有美元幾分錢，工作內容大多是給圖片做標記、填寫聯絡人資料、替網站寫寫產品介紹。在Gigster接零工的程式設計師稱為「遠距人才」，在MTurk接接小零工的人則稱為「眾包工」（crowd workers）。

MTurk上面的工作通常很簡單、低薪，所以很多人以為大多是生活成本比美加低的外國勞工在做，但是根據聯合國國際勞工局（International Labour Office）一份報告，「眾包工」通常是克莉絲蒂這樣的人。那份調查當中（有納入MTurk和類似網站「Crowdflower」的工作者），有百分之八十五的受訪者是美國人，百分之三十六・七有大學學歷，百分之十六・九有碩士學歷，將近百分六十說他們開始做眾包工之前是無業狀態。

克莉絲蒂早在MTurk二〇〇五年成立時就加入，作為閒暇賺外快的方式，用這筆錢買她的《老大哥》論壇需要的生日禮物和獎品。到了二〇〇七年，像她這樣的獨立工作者，在美國有百分之二十八，在歐洲有百分之三十二，而根據麥肯錫全球研究所（McKinsey Global Institute）的調查，這些人放棄傳統工作並不是出於自願，而是情勢所需[2]。

○○○○○○

要了解為什麼有MTurk這種東西存在，就必須先知道科技的「學習」方式跟小孩的學習有點像。如果要教幼童辨識一隻貓，只用嘴巴描述貓的樣子並不是上上策。貓有一條尾巴，四隻腳，兩個小耳朵，但是熊也是，如果真的要小孩從一列動物當中挑出貓，你必須先把貓挑出來、指出來給他看，小孩的腦袋就會開始建立「貓」的圖像，到最後他看到貓就會認出來，就算跟他以前看過的貓略有不同也不妨礙他的辨識。機器也大致如此。沒錯，你可以寫一段程式碼去描述一隻鞋子，但是如果你說：「電腦，這裡是一萬張鞋子的圖片，現在用這些圖片去建立一套可辨識出鞋子的模型」，會更有效率得多。

克莉絲蒂最早在MTurk的工作之一是標示衣服鞋子照片的顏色。如果照片上是藍色鞋子，她就加上一個寫有「藍色」的標籤；如果照片上是灰色毛線衣，她就加上寫有「灰色」的標籤。透過MTurk，亞馬遜每個顏色都可取得好幾千個範例，然後再訓練演算法，自動將「藍色鞋子」和「灰色毛線衣」的搜尋結果排序。用這種方式來改進技術，是亞馬遜成立MTurk的原因之一。

另一個原因是：用人類智能來彌補技術上的不足。在手機能傳電子郵件但還不能上網的年代，亞馬遜首批應用之一就是利用MTurk，讓人們可以用「手機電子郵件」寄出問題（譬如「這附近最好的餐廳是哪一家」），然後幾乎立刻就收到回答。表面看起來很神奇，但背後其實有一群克莉絲蒂這樣的人在上網搜尋，回答每個要價〇．〇一美元的問題。

亞馬遜成立MTurk時，並沒有打著「創造就業」的承諾（不像優步一開始就誇口每個月可以增加「兩萬個司機工作」），而是為了將人類智能和程式碼整合起來，亞馬遜是把MTurk當成一種給程式設計師的服務。MTurk推出之後不久，科技部落格TechCrunch的創辦人便寫下：「亞馬遜新推出的『機械土耳其人』是很聰明的產品，因為可以協助應用程式開發者克服某些問題（進而催生出新種類的應用程式），同時也有點恐怖，因為我的腦袋一直揮不掉『母體，我們全都插入同一台機器』的畫面。」他把在MTurk平台工作的人稱為「自願者」[3]。

早期，在MTurk工作的人通常被描繪成一面看電視一面打電動或打發時間的人，這種形象正好呼應一九五〇和六〇年代人力仲介所對派遣工的描繪。聯合國國際勞工局以下這份報告就指出：

（人力仲介產業）的宣傳造成一種既定印象：從事這種工作的人都是中年家庭主婦，一方面想賺外快，同時又可兼顧家務。一九五八年，「凱莉服務」仲介所執行副總裁把「典型的『凱莉女郎』」形容為「不想全職工作但又覺得只做家務很無聊的人，也有可能只是想打份工賺到足以買小書桌或新皮草大衣的錢」。派遣工仲介公司「萬寶華」（Manpower）在一九五七年也寫過：「對於有家務在身、不能每天出門的已婚婦女來說，派遣工是最理想的工作。」[4]

「早期的派遣工只是做好玩的、打發時間的、為了買小東西的」——這種印象並不正確。根據一九六〇年代初的派遣工產業調查，有百分之七十五的女性派遣工說「賺錢」是她們的主要原因，絕大部分都說需要這筆錢來支應日常需求。幾十年過後，在這個科技加持的年代，把那種印象套用在MTurk勞工身上也不十分正確。根據我們的調查，有百分之三十五的MTurk勞工說這個平台是他們**主要**的收入來源，這個比例不算少。

丈夫還沒失業前，克莉絲蒂不曾想過靠MTurk賺取大筆收入，不過她之前就發現一個MTurk論壇，可以幫助她更有效率地在MTurk工作——事實上她早就是那個論壇帶頭的管理員，熟悉她的人對此完全不意外。

從青少年時期開始，克莉絲蒂就深受網路聊天吸引。她爸爸是第一批電腦工程師，一九九〇年代她還是高中生時，爸爸就帶她進入網路世界。以現今的標準來說，早期的網路速度慢到很可笑。透過一臺數據機，克莉絲蒂用電話撥接連上一個地方性BBS（bulletin board system，電子布告欄系統），在上面留言、玩玩遊戲。BBS只有一條電話線——也就是說，一次只能有一個人在網站上——所以她會登出，再不時回去看有沒有人回應。

克莉絲蒂高中時是個叛逆少女，頭髮染成紫色，身上穿洞，一身黑衣服，在班上沒有什麼朋友，不過，她用電話撥接連上的論壇都是當地的電話號碼，也就是說，她在網路上認識的人就住在附近。她很喜歡他們，至少他們都夠怪，才會找上這個古怪的新科技，也都夠聰明，才會知道如何使用這個新科技。於是克莉絲蒂開始參加「網聚」，在線下（offline）認識留言版上的成員，一起玩雷射槍戰、漆彈、保齡球，那是她的社交圈。

漸漸地，她管理的MTurk論壇——名稱為「土耳其人之國」（Turker Nation）——

開始有近似合作、友善的氛圍，裡面的人（其中許多人已經被她視為朋友）互相分享訣竅，幫助彼此接到最好的工作。透過他們，她發現了一個短短的電腦程式碼，可以把亞馬遜的產品分類工作（這件物品的顏色是什麼？）從「點兩下滑鼠」（一下是選擇顏色，一下是「送出」）變成只要按一次鍵盤：如果是黃色物品就按「y」，然後會自動送出，速度快很多。

新手不可能從「給圖片分類」的工作中賺到不錯的收入，但是有「土耳其人之國」的協助就有可能。而且克莉絲蒂還明白了一件事：到外面找工作可能要花上好幾個月，而MTurk馬上就有工作可接，而且不要求她一定要有傳統的工作經驗，允許她可以用她向來偏好的方式來賺錢謀生——在家裡自己做。

克莉絲蒂開始研究如何在MTurk成功，另一方面，她搭兩班公車到鎮上另一頭的藥房拿藥，那裡的價格是四美元，不是十四美元，並且購買較大顆、較便宜的避孕藥，再用刀子切成正確劑量的大小。她不再去看牙醫。當她發現當地的排骨節（Rib Festival）有發送她先生胃灼熱的藥物試用包，她隔天就再跑一趟去領取免費藥物，接下來連續三天都去。

○○○○○

泰倫斯・戴文波特（Terrence Davenport）第一次聽到零工經濟這套標榜獨立和彈性的福音是在二〇一四年，當時他以為是他的禱告應驗了。

母親幾年前過世後，泰倫斯就幾乎不再禱告，但是有一天早上，出門去做志工之前，他突然雙膝一跪懇求上帝協助。他當時在做的事——跟家鄉阿肯色州杜馬斯（Dumas）的年輕人共同執行一個教會免費供餐計畫——無法解決他所見到的社區大問題，他懇求上帝幫助他找到更好的方法。

杜馬斯是阿肯色三角洲（Arkansas Delta）一個城鎮，居民大約五千人，四周盡是棉花田環繞，以前採棉花的工作是黑奴在做，後來換成佃農，現在則大多使用機器。鎮上居民的平均年收入是兩萬兩千美元，有將近四成的人生活窮困。

成長過程中，泰倫斯從不覺得家裡窮。他五到十歲和媽媽、外婆住在一個老舊的佃農小屋，那是外婆在鎮上棉花農場做女傭的報酬之一。後來他和媽媽搬進一間房子，斷斷續續住到高中畢業。他每天晚上都有棲身之處，也沒挨餓過。

不是每個他認識的人都如此。在杜馬斯或派恩布拉夫（Pine Bluff）——泰倫斯的爸爸居住的地方——沒有人說自己窮，但是泰倫斯記得童年不時有透出貧窮況味的片刻。有一次，一個朋友看到泰倫斯家晚餐後洗碗的地方有個廚餘桶（要給舅舅的豬吃的），便把廚餘最上面一片披薩撈了出來。食物就是食物，怎麼可以丟掉。「貧窮」是個相對的概念。

泰倫斯雖然沒有完成阿肯色大學（University of Arkansas）的化工學位，不過他自己學會寫程式、設計網站。除了在費耶特維爾（Fayetteville）——他當時居住的城市——一間百貨公司賣鞋子的正職工作之外，他還做些網站方面的零工，做得不錯，一直到接到一通電話，把他帶回家。

他弟弟開槍擊中一個女子，傷勢並不致命，然後弟弟逃走，沒多久就發現身亡。

泰倫斯發現執法單位對弟弟之死的處理很啟人疑竇，於是他搬回杜馬斯照顧外婆，同時進行調查。追查那天晚上到底發生什麼的過程中，也開啟了其他疑問：他住的社區過去幾十年到底發生了什麼？為什麼杜馬斯非裔人口的貧窮比例是白人貧窮比例的兩倍以上？在這個非裔族群和白人一樣多的地方，為什麼只有七家商店是非裔所開，卻有一百一十七家是白人所有？

泰倫斯很早就碰過種族歧視。念高中時，白人學生和非裔學生的停車場是不同的地方；念大學時，一個教授把他當掉，原因是他交上的報告太好，不可能是他寫的；後來擔任網站設計師時，一個原本十拿九穩的案子卻在他跟客戶當面見過之後馬上告吹。不過，那些新浮現的疑問促使他用從未有過的角度來思考他所住的地方。自己夠資格但因為膚色而喪失機會是一回事，但是，如果從一開始就不夠資格呢？為什麼他從小到大在杜馬斯碰到的人通常都沒有希望、多疑、看起來無心做些什麼？

要解決杜馬斯的問題，泰倫斯認為必須先找出問題的根源。他在市政府找到一些紀錄，也去訪談社區老人，開始拼湊出非裔族群被騙走土地的黑暗史。他也開始思考，對一個個家庭來說，不正義的蓄奴、黑人歧視法、私刑所造成的創傷會留下膿瘡，一代傳一代，這些世襲的傷口會加劇惡化，使他們變成「不適合僱用的人」。

泰倫斯協助社區的第一步是加入教會給孩子免費供餐的行動。等到他發現只有少數孩子出現領餐時，他就開始去一一詢問鄰里的孩子：「你今天吃了什麼？」這樣的問法是為了具體明確，為了解決只問「你肚子餓嗎？」無法解決的問題，因為飢餓也是一個相對的概念。

等到他搞清楚不是每個有需要的孩子都有辦法自己到教會之後，他就勉強湊合開了一條巴士路線，開著他的雪弗蘭馬里布（Chevrolet Malibu）沿路撿孩子，把他們載到教會領餐。一路上，他會教孩子用不同的角度思考，教他們要懷抱希望，要更互相尊重。

但是他很快就了解到，如果沒有家長的支持，他再怎麼教孩子都是枉然，而家長並不是都支持他，事實上有些甚至很不滿。在他看來，家長的生氣也是很合理，比方說，他告訴孩子，如果被其他小孩打，不要以暴力還擊，但是他們祖父母的父母仍記得奴隸制度，以前不斷遭受暴力懲罰卻沒有還擊的餘地，所以當泰倫斯說「來告訴我，不要打回去」，對那些家長來說，他是在教孩子怯懦。

十五分鐘車程的教誨並不足以扭轉根深蒂固的文化，泰倫斯發現必須想辦法從家長那邊下手，但是怎麼做呢？那個被泰倫斯視為上帝給他的答案，這時透過杜馬斯教育局長（他曾經來聽過泰倫斯教的主日學課程）的留言傳來。

泰倫斯是個好老師。他可以說出你這輩子聽過最心碎的故事，還不時注入耀眼燦笑和一劑樂觀；他會用比喻來描述事情，製造戲劇感，也容易理解。向我解釋為什麼杜馬斯居民很難信任外界組織的時候，他告訴我：心靈就像肥沃土壤，經驗則是種子。

那次旁聽泰倫斯上課之後，教育局長留下深刻印象，現在他想通知泰倫斯：鎮上來了一位女子想聘老師，他會請女子務必等到泰倫斯來面試之後再走。教育局長的訊息終於傳到泰倫斯耳裡，因為局長的姪女在教會供餐活動找到他。

泰倫斯沒有時間研究那份工作到底要做什麼，他馬上跑回家，換上襯衫，用跑百米的速度衝到杜馬斯大街上的社區資訊中心。跟他面談的女子是替非營利機構「平等資源」（Samasource）工作的人，那個組織主要在東非和印度運作，直到近年才有些轉變。「平等資源」創辦人是矽谷一位社會公益創業家，名叫蕾拉・珍娜（Leila Janah），組織宗旨是「提供工作」給赤貧民眾，其理念是：給東西（譬如食物）只是暫時滿足生理需求，但是給工作可以帶來尊嚴以及一條脫貧的道路。

從二〇〇八年開始，早在各行各業趕搭「優步」熱潮之前，「平等資源」就已經跟蓋帝圖庫（Getty Images）、Google、eBay等科技公司有外包的合作，那些公司本來就會把一些工作外包出去（譬如替圖片貼標籤分類、分類整理資料等等），但是「平等資源」會確保那些工作外包給非常窮困的人們。現在蕾拉・珍娜想把這套概念用於美國，她的組織已經在加州幾個據點推出試營運計畫，現在打算往東擴展到阿肯色州杜馬斯市，計畫名稱是「平等學校」（Samaschool）。

面試過程中，那位女子告訴泰倫斯，在杜馬斯這種就業機會已經不再且不可能重返的城鎮，零工經濟有可能終結其窮困處境。勞動人口的發展通常需要先吸引更多商業活動進入，或是鼓勵民眾創業，「平等學校」希望網際網路可以協助杜馬斯一躍而過這個漫長緩慢的過程，它打算教導鎮上居民善用其他地方所創造的就業機會。

「平等資源」在其他國家是聘僱當地勞工做美國企業的工作，而在杜馬斯推行的計畫則有些不同，會讓杜馬斯的勞工自己透過零工經濟去找工作機會。

就在泰倫斯祈禱有個協助社區的方法之後，不到幾個小時，他覺得好像找到了。他告訴我：「如果我給你一塊錢，然後把你丟在荒島上，那一塊錢完全沒用。」但工作不同，工作和土地一樣，本身就自帶價值，泰倫斯希望杜馬斯的民眾開啟那個價值。他對這份工作當然很有興趣。

面試泰倫斯的女子告訴我，見到泰倫斯不到幾分鐘她就決定這個人是適合人選。泰倫斯有領袖魅力和活力，在這個地方長大，而且一心一意致力於協助社區。後來泰倫斯又到社區資訊中心跟「平等學校」面試，接著又跟創辦人面試了一次，他感覺跟蕾拉有一種連結，因為兩人都有相同的熱忱。要是他有蕾拉的人脈，有同樣的資源，他想他和蕾拉會有很多共同點。

為什麼選擇杜馬斯？他問蕾拉。

蕾拉有一次在「柯林頓全球行動基金會」（Clinton Global Initiative）演講結束

後，剛好碰到阿肯色州經濟發展局局長，他曾經促成「溫索普洛克斐勒基金會」（Winthrop Rockefeller Foundation）在杜馬斯資助一項試辦計畫（溫索普洛克斐勒基金會是個非營利機構，宗旨是改善阿肯色州民眾的生活）。就泰倫斯記憶所及，蕾拉大多在談她眼中所見的阿肯色州潛力。

對泰倫斯來說，「平等學校」為什麼選定杜馬斯並不重要，重點是他們來杜馬斯了，他很高興。幾個星期後，他收到一封電子郵件，通知他錄取教師一職，他欣喜若狂。他希望零工經濟——尤其是蕾拉的願景——會如同它當初在矽谷的設計一樣在杜馬斯順利發展，會成為原本已遠離這個小鎮（也遠離其他同病相憐小鎮）的就業機會管道。

04 CHAPTER

清潔界的優步

崔維斯・卡拉尼克跟人創辦優步之前，已經在新創圈打滾十年以上，當年他從加州大學洛杉磯分校（UCLA）休學，進入的第一家新創是P2P（點對點傳輸）影音分享軟體；Airbnb的創辦元老們是相識於羅德島設計學院（Rhode Island School of Design）；Upwork有兩位創辦人是同在一家新創共事後（但是工作地點分屬不同國家），才成立這個自由接案網站[1]。跟零工經濟公司大多數創辦人一樣，以上幾位創辦人的專長都是開創科技產品，不是調動、管理大批的服務勞力，對於他們現在要顛覆的產業，他們大多沒有什麼經驗，甚至毫無經驗。

優步宣告成功募資後，大批科技創業人紛紛起而效尤，成立服務業新創，其中，丹恩・泰倫（Dan Teran）和薩曼・拉赫曼尼安（Saman Rahmanian）是一個不像會湊在一起的組合。

他們不只跟馬克・祖克柏（Mark Zuckerberg）那種年輕的宅男形象截然不同，兩人走的路數也幾乎完全相反。

丹恩有一頭鬆軟金髮，藍色眼睛，有運動員的高壯身材，以前是大學橄欖球校隊，如果他要的話，是可以給人一身筆挺的紈絝子弟形象，不過他反倒留起長髮，大庭廣眾抽菸，有冷面笑匠的幽默感（有時甚至很辛辣），用「酷」來形容二十四歲的他，很貼切。

薩曼三十出頭，已婚，有兩個孩子——以矽谷的標準來說算是老人了——他不菸不酒，也不罵髒話。

這兩位創業人二〇一三年結識於Prehype，一家新創加速器（startup accelerator），專門與大公司合作推出新創事業。薩曼是Prehype的合夥人之一，跟其他合夥人一起面試來求職的丹恩。

當時的丹恩並沒有「駐點創業家」（entrepreneur in residence）應有的亮麗履歷，他人生的志向是從政：他替一位前消防人員打過州參議員選戰；大學主修是他戲稱的「城市公共政策」；大學畢業第一份工作是擔任律師助理。他唯一的新創經驗是來應徵時所從事的工作：一家在線上販賣藝術品的新創，名稱是Artsicle，他是第一個員工。

雖然沒經驗，但是丹恩很擅長說服，家人總開玩笑說他是靠那張三寸不爛之舌才進入約翰霍普金斯大學（Johns Hopkins University）——事實上他之所以拿到入學許可，是憑著他去追查入學審查部門所有能找到的人，然後寄給他們很多電子郵件，還承諾一定會做個非常非常認真的學生（這點他倒是做到了）。他決定要進入科技業之後，就開始每天閱讀TechCrunch部落格，吸收科技界的文化和術語——在那個充斥「So Lo Mo」等時髦術語的年代，這可不是件容易的事（給不熟悉二〇一一年科技業的人說明一下，「So Lo Mo」是「social（社交）、local（在地）、mobile（行動）」的簡稱，在那個年代，創業人對自己在做什麼也不甚了解）。

他之所以能進入有「藝術界網飛（Netflix）」之稱的Artsicle，原因之一是他認識很多藝術家，也有可能是因為，最起碼他當時的室友是《紐約時報》的攝影師，受邀採訪有趣的活動時，會把他帶去幫忙拿閃光燈。王大仁（Alexander Wang）的時尚週派對、時裝設計師范倫鐵諾（Valentino）在Westway（前身是脫衣舞酒吧，位於紐約西邊高速公路附近）高唱卡拉OK版的〈My Way〉、馬西默．維涅里（Massimo Vignelli，繪畫設計師，因設計紐約市一九七二年的地鐵地圖等代表性設計而聲名大噪）八十大壽派對，都有他手持閃光燈的身影。一個星期有好幾個晚上，他會跟隨室友去藝廊開幕現場，那是保證可免費吃吃喝喝的場合。

根據丹恩在Prehype面試中的描述，身為Artsicle第一個員工的他，自己學會設計網站、配送藝術品，工作累得「像隻狗」。那是全世界最美好的感覺，因為知道一家新創的成敗繫於自己的努力。

薩曼喜歡丹恩的拚勁和「創意敏銳度」，大力推薦錄取他。事後沒多久，Prehype認為適合丹恩做的案子落空了，雖然在接到下一個案子之前沒有薪水可領（Prehype合夥人的工作是以案件承包計酬），丹恩仍然開始進公司上班。

那份工作其實並不光鮮亮麗。Prehype的辦公室位於一家餃子店樓上，在紐約市中國城。同棟建築其他承租戶是成衣工廠，還有一家大型的「魚丸」進口商（從固定出現在貨梯的箱子標籤可看出），大樓門廳有一塊標語寫著：「不可吸菸、不可吐痰、不可亂丟垃圾」，標語下方卻常常有幾個男人在吸菸、吐痰、亂丟垃圾。

丹恩會坐在Prehype六個成員共用的小房間，打電話招攬Prehype想拿到的案子，基本上他就是個志工。

薩曼因此對他很敬重。「不管有沒有工作都要準時上工」是父親灌輸給薩曼的美德。父親曾經在伊朗擔任政府官員，薩曼童年時期，父親主要在奧地利經營一家波斯地毯店，在父親的堅持下，地毯店每天早上九點準時開店，下午六點準時打烊，不管發生什麼事，從不晚開一分鐘，也從不提早打烊一分鐘，即使整個星期連一個客人的影子都沒有也不例外。父母常常用波斯語告訴他：「工作是一種禮拜儀式」，他們指的是巴哈伊信仰（Bahá'í），工作不該只是賺錢，而是一種對人類的服事（service）。薩曼一家就是因為這個宗教信仰才被迫逃離伊朗，所以薩曼從不等閒視之。

丹恩終於開始固定承接Prehype的案子。當他和薩曼一起共事，兩人都發現彼此可組成一支很棒的團隊，不管是在大公司內部開創新產品或推出新服務，兩人都可以互補對方的不足。薩曼是點子王，喜歡管控產品設計的每個小細節，喜歡打造品牌，喜歡說故事。丹恩則喜歡把事情辦成，即使需要每天做十六小時，即使需要耍些不怎麼優雅的小手段，而且碰到問題的時候，他如果不直接正面迎戰就不知道該怎麼做。舉個例子，有個鄰居把菸蒂、用過的保險套等容易入人於罪的垃圾丟到他的走廊，他就把比較有代表性的垃圾蒐集起來，放進透明塑膠袋，用膠帶貼在那個鄰居的門上。這個方法有效果、有效率，但是對個人形象的塑造可能就不算手腕細膩了。

不只一個朋友用「正派」形容丹恩，而他不喜歡的人（他通常不想假裝自己喜歡的人）則會用比較粗俗的方式來形容他有話直說的風格，但無論是喜歡或不喜歡他的人，都不會否認他是使命必達的人，而他也很快就以努力和效能博得美名。不到一年後，薩曼提出一個日後將改變兩人人生的新創點子時，丹恩已經從無給志工晉升為合夥人。

薩曼的新創點子是：給通常很粗劣的大樓維護工作提供解方。大樓維護是丹恩可以感同身受的問題，因為他的公寓有很多問題，絕不僅止於有個小屁孩把他的走廊當垃圾桶用。他住在布魯克林（Brooklyn）那種天花板會有棕色液體滴下來的公寓，而且沒人當一回事（至少大樓管理單位不當一回事）。警報器從來沒作用，走廊燒壞的電燈泡過了幾個月仍然原封不動，大門老是壞掉，熱水水龍頭的水有時是冷的，有時候洗澡水的溫度又高到把他的肌膚燙傷。他好不容易終於說服大樓管理單位修理樓上鄰居管線漏水造成的滴滴答答，但是得自己買材料填補隔間牆。

屋況是丹恩另一個有別於薩曼之處，薩曼住在布魯克林那種連浴室的設計師名字都列入不動產清冊的公寓。不過就算住在有落地窗、亮白大理石廚房料理檯面、且分區溫控的高級公寓，對薩曼來說，大樓的維護管理也是叫人洩氣的一件事。

丹恩打算自己動手更換走廊燈泡的同時，薩曼為了跟鄰居交好，同意代大樓管委會出面協調大樓維護事宜。但是他很快就後悔了。要隨時監控有誰進來、做了哪些工作，似乎不太可能。維修公司為什麼要花六週才能把壞掉的鎖修好？按照合約，大樓管理員必須每週打掃一次，但是誰知道他有沒有做呢？

如果丹恩和薩曼都有這個困擾，那代表這是很普遍的問題，所以薩曼才想要解決。

他腦子想到的是一個數位操控板，可以放置在大樓門廳，透過這個操控版，大樓管理人員可以跟清潔、維修之類的服務公司聯絡，還可以追蹤它們的工作進度。薩曼把這套系統取名為「Q總管」（Managed by Q），取自〇〇七龐德電影那個提供各種酷玩意的Q先生。他向Prehype的合夥人們推銷這個點子，由於他和丹恩的辦公座位面對面，最後變成他們常常討論這個點子，然後丹恩也開始做這個案子，到最後，兩人決定丹恩也該掛名為共同創辦人。

薩曼一開始鎖定的客戶是像他家那種大樓管委會。他聘請他的大樓物業經理幫忙安排到紐約各處拜訪，他和Q總管僱用的第一個員工——艾瑪．許瓦茲（Emma Schwartz），以前是房屋仲介，後來轉行創業，賣冷凍香蕉做成的冰淇淋——輪流跟各個大樓管委會開會，推銷Q總管。

薩曼設計了一個公司商標——黑底印上白色加粗的Q——以及模擬的產品畫面，

彷彿Q總管和其技術已經行之有年。他、丹恩、艾瑪用iPad展示這些，再加上一些微笑人們的圖庫照片，用繪圖軟體把他們修改成穿著黑色的Q總管制服。

根據這幾位創業者的說明，一個小時只要付二十五美元，管委會就能透過Q總管僱用一個清潔人員或雜務工。更重要的是，他們可以使用一套專為大樓設計的作業系統，可以交代工作事項、留言給提供服務的業者、追蹤辦公用品存量，這些都不用錢，只需支付勞力的費用。

向大樓管委會推銷沒有用。管委會成員大多是耐著性子聽他們推銷，一心只想快快結束會議回去跟家人吃晚餐。丹恩是這麼說的：「想像你去跟完全不鳥你的人推銷，他們只是想表達善意而已。」只有很少數的管委會真的願意付錢購買Q總管。

如果住家大樓不買，或許公司行號會買。一月底，Q總管打電話給認識的每一家新創，請對方的總務經理來接聽，薩曼更改了推銷內容幾個字，不到兩個星期，他們推銷的十五家公司有將近一半購買了這套服務。原來，Q總管是適合公司行號的服務，不是住家大樓。

Q總管什麼都還沒有，只有一個處理信用卡交易的登陸頁（landing page），以及一個介紹app設計概念的PDF檔，但是它已經承諾新客戶四月會開始清潔他們的辦公室，現在只剩六週的時間，不僅必須從無到有把這套技術建立起來，還得搞清楚要如何清潔辦公大樓。雖然「零工經濟」日後將成為Q總管故事中很重要的一環，但是薩曼、艾瑪、丹恩手忙腳亂倉促推出Q總管的時候，壓根沒有想到什麼「未來的工作型態」或工作會如何演變等等，他們只急著找清潔人員，而且要快。

工程師忙著做軟體的同時，艾瑪（她當時負責營運部分）則四處尋找可提供辦公室清潔人員的公司。大樓清潔產業很早就加入零工經濟，只是它們並沒有意識到這點。到二〇〇〇年，美國有四成的清潔工並不是受僱於他們所打掃的公司，而是受僱於清潔公司，清潔公司除了向客戶收取清潔人員工資，通常還會收取服務費[2]。Q總管本身是承包商，跟它合作的清潔公司是下包商，由下包商再把工作交給清潔人員，也就是說，從清潔人員的工作分到一杯羹，不只是Q總管，還有清潔公司；對清潔人員來說，他們所打掃的公司和他們自己的公司之間還有一個公司。

艾瑪打電話給她在紐約能找到的每一家清潔公司，說要給他們一個跟「保證很快就會成為熱門新創」合作的機會，最後有兩家位於長島（Long Island）的公司同意提供清潔人員。

Q總管創辦人試圖透過一場「Q如何清潔」的簡報，把公司的價值理念傳達給下包清潔工。他們當然還不了解如何用刮水刷擦窗戶、如何清潔馬桶，雖然他們**已經**自己調配出無毒清潔劑（丹恩的兄弟是化學師），也對如何打品牌形象做了點研究，但是幾位創辦人並沒有實際做過任何清潔工作。不過，他們倒是想到一個可以讓他們的服務凸顯出來的點子。

點子的靈感來自飯店業。在辦公大樓工作的人和飯店客人一樣，多半只會在有問題的時候才會注意到清潔人員，譬如垃圾桶沒清空、床單有看起來不祥的汙漬，不過飯店已經明白一件事：只要留下房間打掃過的明顯痕跡，譬如把被子一角往下摺、放巧克力在枕頭上，房客就會產生好感。Q總管決定依樣畫葫蘆。預計會裝在客戶辦公室牆上的iPad就是現成工具，可以提醒透客戶已打掃過；另外，首次清潔完畢後，他們會在每一張桌子留下貼有Q總管商標的瓶裝水；還有，他們會直接模仿飯店做法，將衛生紙尾端捲成完美的三角形。

職前訓練講習在一間借來的會議室舉行，新合作的下包清潔工圍坐在一張大桌子，艾瑪和薩曼向他們說明這一切，並且示範Q總管的iPad app，解釋說客戶可能會留言表達對清潔作業的感想，iPad上面一則留言範例是：「辦公室看起來煥然一新！」（他們假定的情況都是最完美的，所以沒有客戶抱怨）。接著，Q總管創辦人一一拍下每個清潔人員的大頭照（這些照片會顯示在iPad app上），發給每人一件有拉鍊的黑色運動外套（每一件都有一個白色的Q字商標，跟瓶裝水上面一樣），然後，剩下的就只能往好處想了。

在矽谷，其他「××版優步」解決「服務」層面的方法都大同小異，有些找下包商（譬如Q總管），有些僱用獨立承包人員（譬如優步），這兩種方法背後都有同樣的誤解，薩曼記得當時他是這麼想的：「我們把這個漂亮的介面做出來了，清潔的部分當然就跟著水到渠成。這事當然就搞定完成了。」

PART

2

陽光，彩虹，獨角獸

05 CHAPTER 好像口袋有一臺提款機

透過優步、Airbnb、MTurk之類網站賺點收入的成人，在二〇一二到二〇一五年成長了四十七倍，大約是美國成人人口的百分之四[1]。眼看零工經濟開始起飛，矽谷一口咬定零工經濟會改變世界，而且同樣信誓旦旦的是（至少表面看來是不顧一切說服自己相信）：這種改變一定是美好的。

這是科技產業的典型，凡事都說會「改變世界」，有時一不小心就「笑果」十足。（有一家隨需加油新創叫做WeFuel，它的行銷話術一開頭是這麼說的：「每一天，生活上各種重要事物總會用各種方式主動上門來，但是有件事仍然需要我們主動坐進車子裡、穿過重重車陣、完成一套有百年歷史的儀式：給車子加滿油！」好嚇人！）

零工經濟創業者對低薪勞工的生活的確所知不多，但是，能否引起媒體注意（這對募資有益）還是繼續沒沒無聞，通常就取決於有沒有把故事說對。在那個時候，Facebook等公司對心理健康、隱私、選舉、舊金山房價的衝擊還沒有受到仔細檢驗，「一股正向的驅動力量」這種高論不像現在聽來這麼叫人無感。

優步二〇一四年的新聞稿是這麼寫的：優步在打造一種強大技術，「提供一種立即可用的創業方式給全國和全世界的司機」。優步執行長崔維斯・卡拉尼克解釋說：「我想這可能是有史以來頭一遭，工作可以彈性配合生活，而不是生活配合工作。」[2]他後來更進一步引伸這個觀點，在全球創業高峰會（Global Entrepreneurship Summit）舞臺上，他暗示優步本身就是一種社會保險，他說：「從很多方面來看，我們把優步看成是城市的社會安全網。」接著他請觀眾想像如果有一家工廠倒閉，工廠那些勞工怎麼辦？「他們只要按個按鍵就能工作了。」[3]

這個獨特觀點於是成為零工經濟創業者最好用的說詞，不斷重複，就像只有內建幾句話的拉線玩具一樣。

最大接案平台Upwork執行長史提芬・凱斯瑞爾（Stephane Kasriel）在二〇一五年一份新聞稿說道：「會有愈來愈多人根據自己的條件、自己的熱忱、想要的生活方法，再透過有史以來最多元的機會管道，建立有彈性的職業生涯。」[4]同年，Handy（零工經濟清潔服務公司）執行長歐辛．漢拉罕（Oisin Hanrahan）替《連線》雜誌（*Wired*）撰寫的社論寫道：「服務提供者……成群湧入，因為（零工經濟）提供的賺錢機會和彈性是其他工作做不到的。」[5]我詢問Grubhub營運長史丹．謝（Stan Chia），他們把外送員視為獨立承包人員是基於什麼商業理由，他沒有回答我的問題，反而說：「這樣可以給外送員想要的彈性。Hermes UK（英國最大的快遞公司之一）執行長凱蘿爾．伍德海（Carole Woodhead）回應「只有走投無路的人才會去Hermes UK工作」的說法時，表示：Hermes UK的勞工「不想全職受僱」，因為他們「喜歡彈性……他們喜歡有選擇，自己選擇要送幾趟貨、自己選擇工作時數」[6]。不管你提出什麼批評或疑問，只要牽涉到零工經濟，得到的回答一定是在彈性上打轉。

那幾位經理人說得沒錯，朝九晚五工作對勞工來說愈來愈不切實際。我們對「工作」的集體觀念——每週五天，每週、每年日復一日才叫工作——是男主外女主內家庭盛行年代的產物，可是其實，美國一直有很大比例的家庭不是男主內女主外，現在更少，現在有超過七成的媽媽出外工作賺錢，有四成的家庭是由女性撐起主要家計[7]。

當大多數家庭都沒有一個全職無薪主婦（夫）在家，朝九晚五工作就不是那麼有道理了。一個家庭通常由兩個人分擔三份工作（兩份是外面的工作，一份是家裡的工作），如果是單親家庭的話，一個人就得擔起兩份工作。這是很大的壓力（對女性來說尤其大，因為家事仍然不成比例地落在女性頭上）[8]，可是，解決這種壓力的方法卻不是工作更有彈性、工時縮短，工作不減反增。一九九九年聯合國國際勞工局一份報告就詳細指出，美國人的工時在一九九〇年代是增加的，那份報告的結論是：美國人的工時是所有工業國家之最，甚至比加班文化惡名昭彰的日本還長（日本政府甚至考慮立法要求勞工每年必須休假五天）[9]。

全職工作不僅難以兼顧育兒，也幾乎排除了發展興趣、做志工、進修的可能性（進修愈來愈重要，因為工作技能不斷隨著科技進步而演變）。還有一點，大家根本就不喜歡自己的全職工作；根據蓋洛普（Gallup）二〇一一到二〇一五的年度調查，美國有七成勞工表示對自己的工作並不投入[10]。從這個角度來看，零工經濟的彈性不可否認是有吸引力的。

此外，零工經濟在二〇一三年啟動時，看似還能解決另一個迫切問題：儘管有很多勞工在高壓工作和其他職責之間分身乏術，但仍有很大比例的勞工根本連找到工作都有問題。二〇一四年一月的失業率雖然已經從二〇〇九年十月的高點（百分之十）下降，但是仍然在百分之六．六盤旋[11]，美國的財富不均是一九二三年以來最嚴重[12]。

媒體花了很多時間報導零工經濟可能的助益，對於「零工經濟可以終結失業」這種說法，他們的反應從「審慎樂觀」到完全盲目的興奮都有。《紐約時報》專欄作家湯馬斯．佛里曼（Thomas Friedman）屬於後者陣營，他的看法是：「零工經濟創業者並不是經濟問題的唯一解方……不過絕對是解方之一。」《富比士》二〇一三年一篇封面報導解釋說，分享經濟和零工經濟掀起了「一場經濟革命，靜靜地將數百萬人變成兼職創業者」[13]。

科技線記者和部落客或許太長時間沉浸於創業人的樂觀，通常都宣傳得天花亂墜。科技部落格VentureBeat二〇一三年拋出一個題目：你會離職去加入共享經濟嗎？[14]文章作者找到一位來福車（Lyft）司機，她同時也在「跑腿兔」打工（跑腿兔是個網站，鄰居可以在上面互相聘僱，協助完成一些臨時瑣碎的工作），此外，她還把自己的公寓張貼到P2P寄宿網站Airbnb。「這三份工作賺的錢比她全職工作的薪水還多，」文章作者讚嘆，「而且，她感覺是替自己工作，又不必承擔創業的風險。」

文章的結論與矽谷的看法一致：「我有一種感覺，在二〇一三這一年，我們會開始聽到有人離開全職工作去從事多種共享服務工作，享有更彈性的生活安排。」

把那樣的成功故事擴大為未來工作的想像，並不是太過跳躍，尤其已經有一些隨需app是專為程式設計師、律師、裝潢設計師、甚至醫生所打造。

「優步（以及優步所代表的『app所帶動的勞力市場』）所引爆的，可能是職場全面的改變、以全新思維來看待工作，」《紐約時報》專欄作家法哈德·曼裘（Farhad Manjoo）在二〇一五年一月寫道，「你或許短期內還不會考慮當優步司機，但是優步化浪潮可能很快就會席捲到你的職業。」[15]他繼續寫道：「就像優步給計程車行業帶來改變，新科技也有可能將大批傳統工作切割成各自獨立、只在有需要才派人做的小任務，工資會隨著供需變化而浮動，勞工的表現會隨時受到追蹤、檢討，並且受制於有時很嚴厲的客戶滿意度。」

線上接案其實並不算革命，早就有兩個接案網站成立十年以上了，一個在一九九九年，一個在二〇〇三年（這兩個網站在二〇一三年合併成Upwork），但是，各種行業紛紛優步化證明了新科技不只可以管理勞工，也可以協調勞工之間的工作，於是，就連Upwork這種傳統網站也開始仿效「隨需」特質，主動把工作發到適合的人手上，而不是要求雇主被動等待回應。Upwork產品副總謝恩・凱恩德（Shane Kinder）接受採訪時告訴我：「我們想朝隨需模式發展，我們很樂於加入那個世界，只要輸入訊息，馬上就有資格符合且馬上能做的接案者出現。」

專門提供特定種類工作的新創，譬如Gigster，早就把那種機制建立起來了，通常是透過事先仔細篩選接案者。有一家Konsus公司就專門提供「全方位的電子商務服務」，像是製作PowerPoint簡報之類，客戶只要按下「現在就開始」，就能以時薪二十九美元購買「設計圖像」服務，或是以時薪三十五美元購買「研究調查」服務，然後Konsus會找到適合的接案者，把案子發出去做。

學術界更進一步把「隨需勞工」的概念發揚光大。史丹佛有位研究「零工工作」的人員寫了一套電腦程式，可以自動管理複雜的工作案件[16]。每當一個步驟完成，系統就會自動聘僱下一位接案者，把下一個步驟的工作發給他或她。其中一組人成功把新app的設計草圖做成可用的原型，還招募使用者試用，全部作業在一天之內就完成。

另外，非營利智庫「未來研究所」（Institute for the Future）有個「iCEO」計畫，也是自動調配接案者的工作。有一次，它將軟體設定成替一家《財星》五百大企業寫一份一百二十四頁的研究報告，透過自動協調各個線上平台的作者、編輯、校對者、事實查核者（fact-checker），三天就完成一份通常要花幾個星期的報告[17]，而且「未來研究所」的研究人員並不需要做什麼管理，連品管和人資也是外包出去。甚至有個例子是這樣：一個叫做oDesk的網站聘了一個承包人員，請他做「招聘oDesk承包人員」的工作。

只要按一下app就可吩咐任何工作（不論是多複雜、多仰賴團隊合作的工作），這樣的未來愈來愈指日可待，朝九晚五工作的概念可能就此完全消失。

在那樣的預期心理之下，零工經濟新創公司的估值快速飆升。二〇一四年六月到十二月這半年當中，優步的紙上市值就翻了一倍，從一百七十億美元（《紐約時報》用「令人瞠目」形容這個數字）[18]躍升到四百億美元[19]。零工經濟可望製造出更多「獨角獸」（科技圈給估值十億美元以上的新創取的稱號），只是時間早晚的問題。

當時絕大多數零工經濟公司仍在草創初期，但已經達成許多亮眼里程碑。Postmates（外送服務公司）到二〇一四年已經從一人新創變成營運據點擴大到二十多個城市的公司，而且即將跟星巴克、麥當勞等知名大品牌結盟；日用品快遞公司Instacart在二〇一四年表示，該年營收可望達到一億美元，是上一年的十倍；Handy

擴展到二十八個城市，旗下有五千名清潔人員，這家公司的單週營收超過一百萬美元時，TechCrunch寫成一篇報導：Handy執行長告訴本部落格：「我們的清潔人員說，這就好像口袋裡有一臺提款機。」[20]

06 CHAPTER 優步自由

辭掉全職程式設計師工作，轉到Gigster做全職自由工作者之後，柯棣斯不再嚴守一早帶筆電到星巴克的日常。為求變化，他仔細研究了自家附近每一家有可靠WiFi的咖啡店，有時也會去圖書館工作，還有些時候會去公園或酒吧工作。他按照自己的時間表漫步於這些地方之間，很開心。接案生活堂堂邁入兩個月後，他的收入已經跟全職工作一樣多：每個月一萬到一萬二美元。而且，他現在中午開始有時間上健身房、跟女朋友吃午餐，也開始規劃幾個假期。對他來說，矽谷對零工經濟的美好描繪，看來完全正確。

從事朝九晚五工作時，除了分內的資料採礦（data-mining）工作，他無所不討厭：辦公室政治、層層指揮鏈、為了晉升或做點新鮮事得先做自我推銷、說服的工作。Gigster完全沒有那些東西，只要他把接下的案子做好，他的評分就會上升——Gigster把分數稱為「卡馬值」（Karma）*，根據完成的案件數量來計分。分數愈高，Gigster的演算法就會「委託」更多、更有趣的案件給他。這種晉升不像傳統工作一樣有一堆額外工作得做。

幾乎每家零工經濟公司都有類似的評分制度。優步要求乘客以一到五顆星給司機打分數（司機也同樣給乘客打分數）；Handy（零工經濟清潔公司）也是採用五星評比；Upwork讓客戶可以留言評論工作者的表現並給予星等評分（顯示於工作者的個人資料欄）。零工經濟公司沒有主管可了解工作表現，所以必須仰賴這些評比來給予賞罰，譬如「停權」（deactivation）——零工經濟術語，意思是「開除」（例如從平台除名）。這些評分制度有可能複製偏見，對有些勞工也可能過於武斷，不過Gigster的制度對柯棣斯很有用，他不僅因此拿到足夠的工作來糊口，拿到的工作也愈來愈有趣，有時在工作過程中還可學到新技能。

柯棣斯的零工經濟新生活當然也有缺點。他必須扎扎實實工作才有薪水可拿，

---

* 佛教用語，意為「業報」。

以前看電玩網站也有錢領的情況已經不再，免費零食也沒有了。他三月收到通知必須去法院當陪審團，整整損失一個星期的收入。雖然沒有任何聯邦法律規定雇主必須支付陪審公假的薪水（有些州的法律有規定），不過，六成以上的美國勞工、八成一的美國專業人員和經理人，盡陪審員義務的時候都有薪水可拿[1]。身為獨立承包人員的柯棣斯，沒有那樣的奢侈。

不過那些缺點是可以處理的。柯棣斯的存款夠過一年，由於每個月都有從Gigster賺到錢，那筆存款一直沒動用，所以盡陪審員義務並沒有削弱他購買日用品的能力，只是他下個月得趕做一些案子。至於免費零食和保障薪水的損失，則遠遠比不上零工工作所帶來的自由、富挑戰性的工作。

到了四月，柯棣斯的接案生涯邁入第七個月，他已經打消進入新創公司工作的念頭。他告訴我：「我不覺得新創公司能給我比現在更好的條件，我覺得（加入新創公司的）風險其實比自由接案還要大，因為新創的薪水比較少，而股票大多沒有價值。」我提醒他還是有優步這種市值幾百億美元的新創，有分到股票的早期員工會馬上變成百萬富翁，不過柯棣斯寧願實實在在定期拿到薪水，不想把希望寄託於偶爾才有的大錢。自由接案很適合他。

這正是鼓吹零工經濟的人描繪的景象，而柯棣斯證明了它確實可以很美好。

○○○○○○

亞伯的人格特質使他成為稱職服務生——他的自信是外放的、裝出來的，天生就很容易跟陌生人打成一片——也很適合做優步司機。開優步的時候，他會播放「老派」音樂，每次都會提供口香糖，有時還會提供幾杯威士忌。「不管他們想做什麼，我幾乎都沒問題，」他說，「譬如他們想在後座喝酒，我也無所謂，只要不要弄髒就好，隨便都好。」從亞伯張貼在社群媒體的影片可以看到，乘客在後座跳舞，亞伯的頭隨著節奏搖擺，手握著方向盤，他說這就是「優步不同之處」。

優步不允許乘客指定司機，不過亞伯替他的老客人想出一個方法，他稱之為「先上車後補票」。客人直接打電話給亞伯，等到上了亞伯的車，客人再打開app叫車，這時亞伯是方圓最近的司機，所以這趟車多半一定派給他。

亞伯幾乎都在晚上開車，通常從高人氣的夜店和酒吧開始繞，就是朋友第一次帶他了解優步運作方式的那條街，他的客人通常都是醉醺醺，他說：「我其實比較喜歡這種客人，因為很好相處。」那種感覺顯然是互相的，因為根據他拿給我看的電子郵件，他在優步的五星評等制度拿到四．九高分。

優步有一套獎勵措施，提供給介紹他加入的朋友，他同樣也適用。如果他介紹一個司機加入，只要那個司機開滿二十趟，亞伯就能拿到兩百美元獎金（這套獎勵制度在不同城市會有所不同，在多少時間內完成指定趟數也不一樣）。對於揪人這件事，亞伯可是經驗豐富，只不過以前揪人加入的是一場後來才恍然大悟的老鼠會詐騙，而優步是真的會付薪水的公司，說服別人開優步，不會比說服人加入GIN困難。二〇一五年四月，亞伯在Facebook開了一個粉絲專頁，名稱是「優步自由」（Uber Freedom）——他解釋說：「因為要加入的是優步，而且可以給人自由。」——開始分享當優步司機的興奮刺激，目的是希望別人透過他的「推薦碼」加入優步（推薦碼就附在那個Facebook專頁上）。

他分享的第一支影片是一隻金黃色大狗坐在他的日產（Nissan）Altima後座，「牠叫做威倫（Waylon），我最新的優步乘客，」亞伯拿著手機一面拍一面說，「威倫，我會給你五顆星。」

亞伯完全奉行GIN所教的「吸引力法則」，百分之百相信Facebook上的人會仿效他，也開始選擇優步這種新的生活方式。

克莉絲蒂的丈夫失去雀巢工廠的工作已經兩年，他這段期間回學校完成了高中學業，但是仍然找不到工作，而克莉絲蒂則變成利用MTurk賺錢的高手，在二〇一一和二〇一二這兩年，她都在這個平台賺到四萬美元以上，那是稅前，不過跟MTurk其他工作者相比還是很驚人。

根據聯合國國際勞工局二〇一六年一份報告指出，像克莉絲蒂這樣的「眾包工」有四成以此為主要收入來源，平均一個小時賺一美元到五・五美元[2]。美國MTurk勞工的時薪中位數是四・六五美元，印度的MTurk勞工則是一・六五美元。以一週工作四十小時來算（她通常不止），克莉絲蒂的時薪超過二十美元。她之所以能有相對如此高的時薪，是因為她一直在學習如何找到最好的案件、如何設定系統來讓工作更容易完成。

MTurk的新手基本上無用武之地，因為比較高薪的案件要求過去得有一定的經驗，他們資格不夠，而且他們往往不懂運用策略來做事，也不是都了解如何用有效率的方法完成工作。我很清楚，因為我就是。因為很好奇，想知道MTurk的運作方式，所以我有一天註冊登入，想自己做那些工作看看。

MTurk網站完全沒有亞馬遜其他產品來得精緻，看起來很古老，很像二〇〇〇年代初期的網路論壇，從這點可以看出MTurk在亞馬遜的地位大概不高。它所謂的「人腦工作」（Human Intelligence Tasks，簡稱HIT）會出現在桌面，你可以根據你的「條件」來排序，找出你能做的工作，所謂「條件」是指你所在國家或完成過某某數量的工作等等，從「將三十五秒影音段落謄寫成文字」這類簡單描述當中選擇某一個HIT之後，你就必須在平台上完成，每按下一次「送出」就能賺到一筆錢。

我只花了五分鐘就開好帳號，又花了幾分鐘就找到我有資格做的工作，可是我花了將近一個小時才賺到一美元。我挑選的工作大多是填寫學術研究調查，或是做標記。我花最多時間做的工作是微軟研究人員貼出的案子，他們在開發圖片辨識軟體，需要「教」電腦如何辨認物體並叫出名稱。我一個一個給幾百張動物照片做標記，每個頁面有五張照片，都是同樣的動物，只是場景不同，每張照片有十一頁的標籤要選，也就是說，一個頁面要點選五十五次，而完成一個頁面可以賺〇．〇五美元。

幾輪過後，我不知不覺開始期待看到鳥的照片。鳥被捕捉到的畫面通常是戶外、形單影隻，也就是說，我的標籤庫大部分標籤——床、人、窗戶、桌子、球——

都用不上，我只需要點選、拖曳一個標籤：鳥。而「車子副駕駛座窗戶裡的狗」需要動用的標籤則包括「車」、「鏡子」、「狗」、「人」，如果那個人剛好在講手機，還必須標上「手機」，如果那條街上有車流，可能就需要用到「摩托車」。「鳥」只需要一個標籤，省下我寶貴的幾秒鐘，我翻頁的手腕也可以少出力幾次。兩個小時後，我完成了六十一個頁面，每小時賺一．九四美元，相較之下，克莉絲蒂可以賺四萬美元實在難以置信。

她有些報酬較高的工作是來自有些雇主會一次貼出數百或數千個案子，都是可以快速連續完成的工作。克莉絲蒂安裝了一些小軟體，只要按鍵盤上一個按鍵（黃色按「y」，鳥按「b」），不必點選滑鼠，就能完成一個簡單的分類工作。分類一個物件要花五秒鐘，一張圖片賺〇．〇三美元，做一小時可賺十．八美元。此外，她也接比較複雜、酬勞比較高的案件，譬如替產品網站寫產品說明，寫一段可賺一．五美元，如果五分鐘寫一段，一小時就可賺十八美元。重點在於做得快、做得久。

「土耳其人之國」有個論壇，如果有「好案子」出現（報酬高、可以一大批完成那種），大家就會在上面爭相走告。為了避免錯過好工作，克莉絲蒂建立了一套自動系統，只要有「好案子」貼出，系統就會去查看酬勞多少、她是否符合資格。如果她有資格接一件〇．〇五美元的工作，電腦就會發出「叮」的聲響通知她；如果她有資格接一件〇．〇五到〇．二五美元的工作，電腦就會發出類似洗衣機洗好衣服的提醒聲；如果她有資格接一件高於〇．二五美元的工作，電腦就會發出刺耳警報聲。

不管克莉絲蒂在家裡哪個地方，只要聽到電腦響起，她就趕快跑到電腦前面，MTurk有幾千個工作者在爭奪高酬勞案件，先搶先贏。克莉絲蒂會睡在她工作的房間，這樣就能在夜裡注意警示聲又不會吵醒丈夫。看到好工作的時候（通常是透過她的警示系統），她會使用一種自動化工具搶滿二十五件（一次最多可接二十五件），拚命做完，然後趁著還沒被別人搶完之前再去多搶幾件。

她不想錯過的工作之一是：回答亞馬遜「問答服務」的問題。那些問題每十五分鐘會貼出一次，之所以說是好差事，有兩個原因。一是問題常常重複，所以克莉絲蒂把常見問題的解答整理成一份清單，很快就能做出回覆，她大概五分鐘就能回答幾百個問題。第二個原因是，為了提高回答品質，亞馬遜每個月會提供幾百美元的獎金，給回答內容獲得最多「大拇指」的人。回答一道問題可能只賺幾毛錢，不過那筆獎金可不少，因此克莉絲蒂每批問題都不想放過。她平常例行的做法是：隨時注意電腦警示聲是否響起，五分鐘完成一批問題，休息十分鐘，然後再做下一批丟出來的問題。

亞馬遜還有一種被她列為優先的工作是：讓消費者在商店拍下商品照片上傳，以便在亞馬遜網站找到同樣商品。亞馬遜的用意是鼓勵消費者貨比三家，不過並沒有如同預期促成每個人都使用這項功能。當克莉絲蒂收到有人上傳生殖器照片，她立刻回傳《我要報警了》（*I'm Calling the Police*）一書的連結（系統的設定只允許她用亞馬遜網站商品的連結來回覆）。雖然得處理這種粗魯詢問，不過還是很值得，因為她找到一個賺外快的方法：如果亞馬遜用戶傳來商品照片，她就回傳與亞馬遜結盟行銷（affiliate marketing）的連結，只要他們點選連結購買，她就能抽取售價的某個比例。

此外，克莉絲蒂也開始透過MTurk聯絡雇主，主動詢問他們是否需要有人幫他們設計求才資訊。她有時候會提供意見，收點顧問費。

MTurk兩端的勞雇關係比較不像共事的人，反倒比較像兩個都想鑽漏洞的人。一個常見的例子是這樣：雇方會在MTurk貼同樣的工作貼三次，時間點不同，目的是檢查勞方的工作結果是否正確，如果其中一個工作者送出的答案和另外兩個不一樣，雇方就會認為那個工作者的答案錯了，把他退件（也就是說他拿不到工資）。而勞方這頭鑽漏洞的方式是，一個人只要開兩個帳號互相背書就行了，有些工作者甚至會利用自動程式送出隨機（但一致的）的工作結果，結果，自動程式因為答案一致而拿到工資，認真完成工作的真人反而拿不到工資。如果發現有人用這種方式作弊，勞方這頭只能爭相走告避開。

由於深怕錯失好的工作機會，克莉絲蒂覺得她根本出不了門，甚至連離開電腦都不行。她不像速食店或清潔工作的員工，她只要停工就沒錢可領，而且工作愈機靈、愈快速就能賺愈多。這種心理狀態就好像玩那種需要隨時提高警覺的遊戲，就某方面來說，這種心理狀態正是她能夠堅持下去的原因：她設定每天的目標是一百美元，然後一毛一毛賺，她通常可以達成。

○○○○○○

在阿肯色州的杜馬斯，泰倫斯忙著招募學員來上課，他會教他們如何在零工經濟取得成功。為了宣傳「平等學校」這個新計畫，他在杜馬斯的地方報紙《Clarion》刊登廣告，使用跟矽谷一樣的語言：他的課程可以將學員變成網路創業人，替自己工作。

三十位通過泰倫斯首次面試的學員中，有農人、居家護理員，還有幾個長期失業的人，甚至有個當地小學老師也跑來。「平等學校」的計畫是教導學員使用數位接案網站Upwork找工作——Upwork在當時是兩個網站，分別是oDesk和Elance，後來合併成為最大的數位接案網站之一。Upwork上面多的是不需要大學學歷的工作，像是協助學術研究、資料輸入、客戶服務等等，根據那套計畫，只要教導杜馬斯居民如何有效宣傳自己並且能連線上網，居民就能取得Upwork上的工作。

泰倫斯上課的地點也在社區資訊中心，就是他以百米衝刺跑去面試的地方。那棟棕褐色磚砌建築建造於二〇一二年，看起來就像縮小版的高中，裡面配有公用電腦、一個求職中心，還有兩間又大又明亮的教室，供當地大學上課之用，「平等學校」的課程也在這兩間教室上，每間都有長長好幾排白色桌子，上面放著黑色個人電腦。

學員自己上網搜尋工作時，不是每次都能找到，不過泰倫斯開始替他們找之後（雖然要花點時間但成功機率百分百），少數幾個學員開始上線工作，以他們從未想過的方法工作。

泰倫斯進行這個計畫一年之後，我去拜訪他最成功的一位學員：蓋瑞．佛斯特（Gary Foster）。蓋瑞當時住在一個整齊的拖車裡，距離鐵軌非常近，火車經過就震動個不停。我到他家時，門是開著的，門鈴壞了，於是我對著門簾大喊：「有人在嗎？」

「進來！」裡面某處傳來聲音。

我在一個堆滿玩偶崔弟（Tweety Bird）的方形房間找到蓋瑞（那些玩偶是他太太的最愛），他坐在一張桌子後面，桌上有兩臺筆電並排放著。我們握手寒暄，他一面戴上附麥克風的耳機，一聲很尖銳的「叮」響起，這時我才明白他為什麼沒有出來應門。

「喂，感謝您來電西爾斯百貨（Sears）家電保固部門，」他用平靜、自信的聲音說道，「我是蓋瑞，有哪裡需要幫忙嗎？」接著他開始跟一個住在紐約市的男子對話，談論空調壞掉的事，同時在電腦上點開參考資料和客服應對腳本。

不久前，蓋瑞在當地一家狗食工廠工作，但是被裁員，因為工廠賣給新公司，他之所以得知泰倫斯的課程，是他到求職中心應徵工作時聽到的。失業之後，蓋瑞到泰森食品（Tyson）工廠做夜班做了幾個月，工廠離他家大約一個小時車程，可是他很討厭漫長的夜間通勤，因為很可怕，他說：「隨時可能有東西跑到你的車子前面，你的車子就這樣在馬路上壞掉，動彈不得，直到有人來幫你。」

「在這裡，」他不斷強調，「沒有公車這種東西可以搭。」

蓋瑞沒有在Upwork找到工作，不過泰倫斯幫他在很大的客服公司「Arise」找到一份差事。泰倫斯有九個學員符合這類工作的資格，不過只有三個（包括蓋瑞）的網路夠快，可以符合公司要求。

蓋瑞並非直接受僱於Arise，甚至也不是直接受聘於Arise的承包人員。Arise僱了一家包商，稱為「獨立營運業者」（independent business operator，簡稱ＩＢＯ），再由那家包商僱人來接電話。泰倫斯找到一家在找承包人員的ＩＢＯ。

在蓋瑞的新雇主網站上，有個頁面是一個頭戴耳機的白人女子，妝很濃，白白的牙齒經過繪圖軟體處理，下方有個應徵頁面，有一份說明解釋為什麼這家優於其他業者，上面所列的一點是這麼說的：「我們提供的薪資高於基本工資，有加薪制度，其他業者提供的薪資是以分鐘計算。」看來，高於基本工資已經是可以吹噓的事，畢竟法律並沒有規定公司必須保障獨立承包人員的薪水高於基本工資。

想像有個俄羅斯套娃，最裡面是蓋瑞，他是最小的娃娃，是受僱於ＩＢＯ（就是那家有列點說明和微笑女子網頁的公司）的獨立承包人員；再外面一層是僱用蓋瑞的ＩＢＯ；再外面一層則是Arise，把工作外包給ＩＢＯ的那家大型客服公司；然後還要再外面一層才是西爾斯百貨，消費者以為自己打電話面對的公司。

不意外，Arise把這種做法說成創新。在公司網站標題「善用眾包的力量」下方，有個「關於」的網頁，向潛在客戶說明Arise利用「科技的創新突破，以及我們獲得專利與獎項的獨家技術」，並且「提供創業機會給很多資源不足的民眾，讓做小生意的人有能力根據自己的生活需求來擬定有彈性的工作時間」。矽谷並不如它所宣稱每次都是改變世界的創新始祖，事實上，Arise這類公司才是零工經濟的前身。

透過泰倫斯居中協商，蓋瑞不必繳培訓費（他的職位有些必須繳），不過長達三週、每天四小時的培訓期間也沒有薪水可領，而且在那段期間，他付不出帳單，「不斷收到斷線通知，這個斷，那個也斷。」他說。七月時，他收到正式聘僱（其實也不算真的聘僱），合約上的文字似乎前後矛盾：「這是任意僱傭（At-Will Employment）*，以承包人員身分敘薪，自行負責政府、聯邦政府任何及所有相關稅負。」最後突然附加一句看似自相矛盾的鼓勵：「歡迎加入本公司。」他的薪資會從時薪九美元起跳，比阿肯色州當時的基本工資高一．五美元。

蓋瑞有八個小孩（其中一個跟他住），也是十一個孫子女的阿公（我上一次跟他聊的時候，第十二個就快要出世），很擅長做客戶服務。客服界有三個指標來評量他這樣的客服人員：班表執行率（答應完成的工作量是否有達到）、客戶平均等待時間、通話品質，他告訴我，他在這三個指標的分數通常在前百分之五[3]。

* 意指雇主可以用任何理由解除僱傭關係。

「我的聲音相當直率、相當冷靜。」他說。有一次，他接到一通來電，對方氣到揚言他屋子裡每個電源插座、每一盞燈、每個吊扇，還有十個馬桶，都要理賠。

蓋瑞讓他發洩，男子最後承認：「你知道的，我沒有十個馬桶。」

「我在處理理賠作業了，不過還沒登錄進去，」蓋瑞告訴他，「我在等你平靜下來。」

完成培訓、開始工作之後，蓋瑞的生活明顯好轉。因為有這筆薪水和工作彈性，他計劃跟太太到夏威夷旅行，慶祝結婚十五週年，「我們沒度過蜜月。」他說，光是想到海灘假期就已經堆滿笑容。他很努力做這份非全職工作，而且這工作也很適合他，至少目前為止是。

蓋瑞（他和克莉絲蒂一樣是情勢所需才投身零工經濟）或許是因為選擇有限才做這個，但是跟柯棣斯（他是受到零工經濟的生活方式所吸引）、亞伯（他是因為想成為創業者）一樣，他也是滿懷希望出發。

PART

3

但書

07
CHAPTER

故事的另一面

隨著零工經濟愈來愈成熟，大家也看得愈來愈清楚，零工經濟不只有獨立、彈性、自由這三個特徵，還有另外一個：不是每個人的零工經濟經驗都是美好的。

《華盛頓郵報》記者莉迪雅．迪皮里斯（Lydia Depillis）二〇一四年九月側寫了獨立清潔工安東尼．沃克（Anthony Walker）的故事，這是最叫人震驚的報導之一。報導中，沃克把四歲女兒送到托兒所，然後拖著一個有輪子、裝滿清潔用品的大袋子，坐上華盛頓特區的市公車，搭兩個多小時的公車到他奉派打掃的家。這份工作是零工經濟公司Homejoy指派給他的，工資五十一美元，也就是說，如果把五個小時的通勤時間算進去，沃克每個小時賺十美元左右，這筆錢還要先預扣稅，而且沒有職災賠償、失業救濟金、休假、退休金等福利。這份工作或許好過什麼都沒有，但是不太像矽谷所描繪的零工經濟故事[1]。

整個二〇一四到二〇一五年，類似沃克的故事令人愈來愈懷疑：在好工作愈來愈難尋的經濟環境下，零工經濟真的可以提供高品質的隨需工作？司機被優步停權，沒有任何解釋；Homejoy旗下的清潔工賺的錢不夠付房租；Postmates和Deliveroo之類的零工經濟快遞公司，旗下送貨員的薪資連基本工資都不到……諸如此類的報導不斷傳出。

Deliveroo一位快遞員告訴《衛報》（*The Guardian*）：「我覺得Deliveroo想製造我們都是年輕、中產階級男性的形象，身上穿著潮服，做這份工作是為了賺點外快，但是其實很多送貨員是移民，是當地藍領階級，而且絕大多數人做這份工作是因為需要這筆薪水過日子。」（Deliveroo告訴《衛報》，該公司旗下百分之八十五的快遞員是為了賺外快。）[2]

參與零工經濟的勞工當中，窮人數量高得不成比例。跟美國全體人口相比，年薪少於三萬美元的零工經濟勞工多了一倍左右[3]，根據麻省理工學院（MIT）的計算，三萬年薪低於美國一個四口之家維生所需的工資。在紐約市，四口之家維生所需的薪資一年是四萬六，而有個聲稱代表五萬名叫車司機的團體告訴《紐約時報》，他們有超過五分之一的會員一年收入不到三萬美元（扣除開支前）[4]。零工經濟領袖早期在鼓吹他們的願景時，並沒有把具備比較稀罕技能的勞工（自由接案的圖像設計師、記者、電影製作人員、程式設計師等等），跟技能比較不稀罕的勞工（家庭清潔人員、司機、MTurk工作者）分開來討論。

整體來看，獨立承包人員的收入確實比做同樣工作的全職雇員還要多，那是因為其中有很多是有專業技能的自由工作者，譬如柯棣斯這種（那位住在紐約市的程式設計師），年薪有六位數，甚至更多[5]，可是對低薪勞工來說，這種脫離雇主的職業趨勢一向有害無益。有一份研究發現，同樣是清潔工和警衛，承包者比全職者分別少賺百分之十五和百分之十七[6]；另一份研究顯示，這種「因外包而短少的工資」，以工友來說少了百分之四到百分之七，警衛則是少了百分之八到百分之二十四，而且不像其他全職受僱於所服務公司的同儕一樣享有公司福利[7]。

根據美國政府責任署（US Government and Accountability Office）二〇一五公布的一份報告，把所有暫時性員工都納入來看（不只包括自由工作者，還有派遣工、轉包工等等），他們的時薪比「一般全職勞工」少百分之十．六，而且有大約三分之二不太可能獲得工作所提供的退休儲蓄計畫。那份報告的作者寫道：「這些暫時性員工所面臨的工作不穩定也高於一般全職勞工，對福利、僱傭條件的滿意度也低於一般全職勞工。由於暫時性工作有可能不穩定，提供的勞工保障也比較少（全視個別勞工的僱傭條件而定），因此跟一般全職工作相比往往收入較低、福利較少、對公共福利的依賴程度更高。」[8]

經濟學家大衛．懷爾（David Weil）在他的著作《龜裂的職場》（*The Fissured Workplace*）認為，比起做包商或臨時工仲介所旗下的承包人員，在大公司做正職員工的薪資和福利比較好，這背後的原因有好幾個。他寫道：

> 大公司會聘僱形形色色的員工——從技術專精的工程師、專業經理人，到不太需要技術的生產線員工，再到工友、管理員，各種員工都有——這正是二十世紀中葉的職場典型。把各種技能、各種職業的人放在同一個屋簷下工作，會產生一個很重要的結果：公司會把從市場賺來的錢分享給全體員工。分享的方式是透過薪資制度，不管有沒有工會都是如此。雖然有些公司分享獲利是出於企業善行，不過有更多是因為洞悉這麼做其實對自己有利。由於「是不是公平」的感受會影響員工士氣，因此人資部門擬定政策時（包括決定薪資），

公平是很重要的考量，說得更具體一點，該給一個員工多少薪資，有一部分是取決於其他人拿多少薪資。如果一家大公司的員工有高階經理人、祕書、工程師、技師、工友，它就必須考慮到同在這把企業大傘下的員工對公司薪資結構的觀感，因此，工友的薪資會連帶被工廠員工的薪資拉高[9]。

懷爾寫道：如果公司考慮把工友的工作外包出去，這時思考的問題就不再是「這樣公平嗎？」，而是「哪家包商的價錢最便宜？」同時，讓獨立承包人員同享公司健保就成了由法律裁決的責任（因為讓承包人員享有公司健保的話，可能被拿來作為勞工被錯誤分類的證據），而不是法律規定的義務[10]。

在Facebook之類的富裕科技公司園區，可以看到員工和非員工涇渭分明，高薪的知識型員工有免費的額外補貼，但是承包的清潔工、巴士司機、保全警衛並沒有。Facebook的清潔工瑪莉雅·岡薩雷斯（Maria Gonzalez）二〇一七年告訴《衛報》：「他們有免費洗衣、剪髮，隨時有免費食物可吃，還有免費健身房，所有你得付錢才能享有的東西，他們都可以免費獲得，但是清潔工可沒有，我們拿到的只有薪水。」[11]

Facebook至少給承包人員不錯的薪水，時薪有達到十五美元的基本工資，但是其他公司對非全職雇員可是極盡虧待之能事。

臨時工受傷的風險高於傳統全職雇員，發生意外的機率比非臨時工高百分之三十六到百分之七十二[12]。有個比較極端的例子證明，大公司會規避其對非正職員工應負的安全和公平對待責任：《今日美國》（*USA Today*）二〇一七年有個調查，揭發洛杉磯的貨櫃車司機一週每天工作二十小時下來，卻常常反倒欠雇主錢。公司拿員工的薪資來抵扣員工買卡車的車款，但是只要員工惹老闆不高興（有個例子是，員工只不過缺勤一天），就沒收他們的卡車，卻又沒退還任何薪資[13]。

洛杉磯貨櫃車司機屬於運送系統的一環，負責把商品運到大型零售連鎖店，沒有直接聘僱但是靠這些司機送貨的各家零售業者，對於虧待司機的種種指控，回應千篇一律，無一例外。《今日美國》記者去問Target發言人有關其供應鏈當中的貨車公司違反勞權一事，Target發言人寫道：「Target不做任何評論。」；JCPenny的發言人則告訴記者：JCPenny「期待第三方運送業者遵守所有相關法令和規定」；LG電子（LG Electronics）則表示：「我們並不是要切割，不過坦白說，這件事很遙遠，真的跟LG電子完全無關。」

同樣地，美國就業法專案（National Employment Law Project，簡稱NELP）代表

勞工控告紐約曼哈頓的超市（其中有個勞工每週工作七天，每天上班十到十二小時，週薪卻只有九十美元左右），NELP向美國參議院一個委員會報告：「那些超市說這些勞工不是它們的雇員，而勞工仲介業者又說這些送貨員是獨立承包人員。」14

○○○○○○

零工經濟鼓吹者喜歡搬出數據證明勞工喜歡彈性，但是那些數據並沒有調查如果把薪資、工作穩定度、福利、安全等因素納入考慮，還會有多少勞工喜歡這種彈性。全國經濟研究局（National Bureau of Economic Research）設計了一份研究，想了解勞工對彈性的重視程度為何，而不只是了解他們「是否」重視彈性。普林斯頓大學（Princeton University）經濟學家亞歷山卓．馬斯（Alexandre Mas）和哈佛經濟學家亞曼達．帕雷（Amanda Pallais）招募電話客服人員，並且請三千多位求職者在兩份工作之間做選擇，一個是一般的朝九晚五工作，另一個也是同樣的工作，只是工作時間表有彈性。兩位學者隨機給這兩種工作配上不同的薪資，有時兩份工作的薪水相同，有時彈性工作薪水較高或是高很多，有時傳統工作薪水較好。

馬斯和帕雷發現，勞工在這兩種工作當中做選擇時——一是工作安排很彈性，一是朝九晚五進辦公室上班的傳統工作——一面倒地對彈性並不是那麼看重。舉個例子，如果傳統工作和彈性工作的薪資相同，只有比半數多一點的求職者——百分之六十——選擇自己安排上班時間。平均來說，他們願意接受時薪減少〇．四八美元來換取自由安排工作時間表，但是如果要他們減薪換取自由設定上班時數，他們可是一毛錢都不願減。換句話說，他們的確對彈性有一定程度的重視，但是並不是看得那麼重要[15]。馬斯接受我採訪時表示：「如果你問：你喜歡彈性工作嗎？每個人當然都會說喜歡，但是如果你的問題是這樣：『你有個彈性工作可選，但是薪水會少一點，你願意接受嗎？』那可就完全不同了，這樣問才能問出真正的真相，而且不願意的人占大多數，至少根據我們的發現是如此。」[16]

08 CHAPTER

千萬不要打電話給我們

要線上應徵這家公司必須考個小考。

「如果看到桌子上有十美元，而且旁邊沒有任何紙條說這錢是做什麼用的，你會怎麼做？」

A、收進口袋，因為這本來就是小費。

B、留在桌上不動它，因為你不知道這是不是要給你的。

C、問客戶這錢是不是小費。

對我來說答案很明顯：留著不動，也不必去問客戶。

「假設你星期一想工作八個小時，到了星期一早上才發現只被排了兩個小時的工作，這時你會怎麼做？」

A、取消這份工作，因為不值得跑一趟。

B、既然已經答應了，還是把它完成。

C、打電話給後勤支援小組，表明除非多安排一份工，不然你不去做。

「把它完成」似乎是正確答案，即使通勤時間比工作時間長。

「關於在客戶家接聽私人電話，你有什麼看法？」

A、我一定會接。

B、客戶在另一個房間時，我才會接聽私人電話。

C、上班時間我絕不接聽私人電話。

絕不在上班時間接聽私人電話！

在二〇一五年出這份小考的零工經濟公司，希望在紐約市招募清潔人員。我回應了這家公司刊登在Craigslist的徵人廣告，廣告上面寫著：「我們要找高品質的承包清潔專業人員，時薪最高可達二十二美元，我們旗下最頂尖的清潔專業人員每週收入有一千美元之多！」

我填上姓名、地址、清潔經驗之後，就被導引到這份小考，這是應徵流程之一。

○○○○○

傳統自由接案的方式相當清楚：獨立工作者接下自己可以獨立完成的案子。在零工經濟，Upwork這類公司使自由接案更加容易：案主把案件交給工作者，再由工作者完成，不需要Upwork任何指導。

但是隨著優步和「××優步」問世，卻出現一種內在衝突。一方面，這些公司想藉著提供好服務來建立名聲，博取客戶的仰賴；另一方面，律師卻建議這些公司，提供訓練、制服、福利、固定輪班給獨立承包人員（也就是可以讓雇員開心、訓練有素的種種東西），可能會被控告「錯誤分類」：明明是正式雇員的待遇卻歸類為承包人員。

零工經濟陷入一種困境：公司一方面想提供好服務，但又想避免被指控它們對待承包人員像正式雇員。如果對工作者完全不設定期待或不培訓，會導致服務品質不穩定；但是，如果安排他們每週去服務同一個客戶、以優渥福利激勵他們、指導他們如何改進，卻有被告風險，最後被迫必須耗費鉅資將承包人員轉為雇員。

在美國，並沒有一個統一的檢驗方法可以判定是承包人員還是正式雇員，各州有不同的方法、不同的法律。歐洲也是如此，法律通常太複雜，沒有單一明確的方式可以定義誰是真正的獨立工作者。一般來說，獨立承包人員應該有決定用何種方法完成工作的權力、有可能賺錢也可能賠錢，而且因為身負這些責任，所以跟其他公司簽約時有議價權，但是「你是不是把某某勞工當成正式雇員對待？」這個問題大概就得交給法院定奪。

這個灰色地帶造成大家對勞工的歸類一知半解，也容易給公司測試底線的空間，一再測試之下，不知不覺就可能變成所謂的「欺騙」：表面上把勞工稱為「獨立承包人員」，實際上卻對他們施以正式雇員一般的掌控，讓他們沒有真正的自主權可以受惠於自己的老闆身分。根據美國國稅局（IRS）的估計，遭到這種錯誤分類的勞工有數百萬人之多！[1]

經濟學家大衛．懷爾曾經在歐巴馬政府掌管勞工部旗下的「工資及工時處」（Wage and Hour Division），他談起當時司空見慣的情況：「感覺是一週接著一週不間斷，會看到各區分處都在進行調查，遭到錯誤分類的勞工在各行各業都有：工友、居家醫護人員、室內牆壁施工工人、有線電視安裝人員、廚師、貨櫃車司機、配送中心的卸貨工人。其中有個很具代表性的例子是：建築工人週末下班回家還是雇員身分，然後大概是某種不知名的神蹟力量發威，下週一上班卻突然被告知是有限公司的老闆之一。」[2]

零工經濟公司為什麼不乾脆把每個人都歸類為雇員，以免被指控錯誤分類？的確，並沒有法律不准公司提供承包人員的彈性給雇員，不過，根據《財星》雜誌二〇一五年的一份分析，如果優步不得不把承包人員轉為雇員，每年必須額外支出四十一億美元的成本（優步發言人告訴《財星》，成本很難估算，因為商業模式可能就完全不同了）。根據二〇一六年一宗控告來福車（網路叫車公司）的訴訟文件，這家公司光是欠加州的司機就欠了一億兩千六百萬美元，這筆錢是要補償司機過去四年應以雇員身分受僱而少領的錢（該公司駁斥這筆金額，表示這是假設所有司機都該被視為雇員才會這麼多，可是很多司機過去四年的開車時數不到六十小時）。[3]

這並不是投資人當初買單的單位經濟效益（unit economics）。Zitural是一家提供虛擬助理的公司，它說它就是因為將獨立承包人員轉為雇員，才會造成二〇一五年被迫裁掉幾百名員工（這家公司將勞工都改成雇員之後，不久即被收購）。Zitural的共同創辦人告訴《彭博》：「現在檯面上這些隨需共享經濟公司，每一家都有承包人員，如果必須把承包人員轉成雇員，勢必會破壞它們的商業模式。」[4]

於是，零工經濟公司只好玩弄話術和技術細節，試圖用創意小考這種招數來管理勞工，同時又不至於跨越「把他們當雇員對待」的紅線。這招要能夠成功，需要有一套精心設計的小暗號才行。「我們必須非常迂迴，」凱蒂・謝（Katie Shea）表示，她是已停業的零工經濟清潔公司Homejoy紐約市總經理，「我們不能直接告訴你怎麼做，但是可以告訴你其他清潔工做這個、做那個得了五顆星。」[5]為了迴避零工經濟公司眼中過時的法律（早在有人想到用手機找工作之前，這些法律就已經存在了），這些做法似乎無法避免。

○○○○○

通過了那家清潔公司的小考後，我和其他準清潔人員被邀請到曼哈頓中城一棟髒兮兮大樓的六樓，參加培訓。大約二十個人坐在一間小小的房間，裡面擺了一些廉價的塑膠課桌椅。所有人都是用手機小考篩選出來的，大部分是非裔，許多人穿著特別為面試準備的服裝，西裝外套搭配黑色長褲。

培訓由紐約市一位經理主持，我叫她卡蘿（Carol）——這不是她的本名。為了抓住大家的注意力，她用小學老師的語氣不停地問問題。她播放了一段模範勞工的影片，影片裡的勞工說：「我喜歡做（這家公司的）承包人員，因為我自己就是老闆。誰不想多花時間陪家人呢？」這位清潔人員說她喜歡在完成每份工作後留下白色百合，百合是她自己買的。

「你們從這段影片學到什麼？」卡蘿問大家。

在座紛紛回答，她把大家的答案複述一遍或換句話說：「你可以自己獨力工作，你是獨立的承包人員」、「她對她的工作充滿熱情」。

卡蘿歡快地陳述顯而易見的事：「要找到人做體力活很簡單，但是我們要找的人是像（她）這樣的。」

「這是你們生意的命脈。」卡蘿向大家介紹這個可以管理工作時間表的app，同時繼續推銷這份工作的優點，她說：這份工作很棒的一點是，在本公司營運的三十七個城市都可以工作，「如果你冬天想離開紐約去邁阿密玩玩，沒問題；如果想帶小孩去迪士尼世界度假，順便打幾份工，沒問題。」當然，度假那幾天是沒有薪資的。

「（這家公司）有什麼不同之處？」卡蘿問。

教室後方一個整整齊齊穿著白色襯衫的男子舉手：「工作時間很彈性，你想工作的時候就可以工作。」

卡蘿用一個問題來回應他，她問：「你知道優步嗎？我們就像居家清潔的優步。」

她開始播放另一段影片，這次影片裡的清潔人員有英國腔：「對我來說，做個獨立承包人員代表了自由和彈性。」跟前面影片的女子相差不多的女子說道。

接著，卡蘿翻到薪資說明的頁面，她告訴我們：客戶會留言發表對清潔服務的感想，如果我們要的話，可以「印出來貼在冰箱上」，不過那些留言也會影響我們的薪資。

一開始的起薪是時薪十五美元，這個薪資並不差，如果不算上穿梭於工作之間的時間、清潔用品的花費。如果做了一個星期表現很好，時薪就可以調高到十七美元，時薪最高的清潔人員（工時最長、評價最好的清潔工）一小時可賺二十二美元。根據卡蘿的解釋，這套系統的評分主要是看清潔工作做得好不好，並不是接愈多工作就愈好。

她繼續說明這份零工。清潔人員成功招募一個朋友進來就可得到五十美元的介紹費；如果客戶重複指定你服務，也可拿到五美元的獎金。雖然卡蘿沒有提到，不過在這段簡報頁面有個警語：「若試圖跟客戶私下交易，將會立即從本平台除名。」沒錯，這是你自己的生意，但是這些不是你自己的客戶。

漸漸地，她開始揭露更多不好的部分。

堆在教室後面那些有輪子的天藍色袋子是什麼？裡面是清潔人員必備的東西，包括一臺吸塵器、一支拖把，但是這些用品的費用——一百五十美元——必須從薪資扣除，也就是說，以一開始的起薪計算，必須做五次免費的清潔工作（這家公司的發言人告訴我，已經取消這種做法）。提到清潔用品部分，卡蘿努力謹守「獨立承包人員」的範圍：「這些不是強制的，這是你的生意，你得負責提供清潔用品。」

除了清潔用品，袋子裡還有貼了藍色商標的行銷小物，包括卡片（清潔人員可以寫上自己的名字，然後留在現場）、一份檢查工作是否完成的清單，還有卡蘿最喜歡的商標貼紙，可以貼在摺成三角形的廁所衛生紙。

這家公司不只要清潔人員幫忙分發行銷小物，連購買行銷小物的錢也要他們出。

後來，前排一個男子舉手發問：「所以如果清潔用品用完了，我們必須自己買嗎？」

卡蘿連拐彎抹角都省了，也沒有任何一句不好意思，毫不遲疑地回答：「當然」，一副「這還用說」的模樣。

不好的部分還沒完：如果清潔人員提前在兩到三十六個小時內取消工作，薪資會扣十五美元；如果提前在兩個小時內取消，那份工作的費用要全數從他的薪資扣除。看起來很嚴格，不過，公司其實也沒有其他有效方法可以保證清潔人員一定會到工，它沒有（也不能有）上司可以去斥責或指導清潔人員，否則就有把清潔人員當成雇員之嫌。不過好的一面是：客戶也比照辦理。如果客戶在同樣時間內取消，這筆費用就歸清潔人員所有。

「如果是因為緊急狀況才不得不取消呢？」另一個準清潔工問道。卡蘿的回答是：「你可以向後援中心申訴。」這個回答給我的感覺是：後援中心八成不會幫什麼忙。

到了考另一個測試的時間，所有人在自己手機上點一個超連結進入考題。卡蘿離開房間去打分數的時候，她要我們把桌子圍成小圓圈，「彼此傳授幾招」。一個在公園管理處全職工作、想兼差的媽媽說，她以前做過管家，她的建議是，做任何事之前務必先問客戶，因為每個人對「怎樣做才對」各有不同的看法；一個以前在健身房工作的男子分享了清潔窗戶的小訣竅；一個年輕女子以前在Old Navy服飾工作，她教大家用鉤針編織的方法，關鍵是：「鉤成蝴蝶餅形狀」。

這位年輕女子有清潔經驗嗎？她說：「經驗太多了。」她還有新聞學位，也完成了一半的護士課程，一直到學費用完為止。

卡蘿回來後，先請兩個沒通過測試的人離開。「還有其他問題嗎？」「要是發現床上有臭蟲肆虐怎麼辦？要是打掃的時候發現有人背著另一半做些讓我們不舒服的事，該怎麼辦？」

卡蘿回答這些都是「假設性問題」，然後再回到她的課堂風格，詢問在座如果碰到問題該怎麼辦，她要的答案是「打開這個app的『小幫手』」，上面會教你一些常見抱怨的解決方法，譬如「我覺得很不舒服、不安全」（馬上離開並報警），還有如果客戶不小心把你鎖在家裡出門去了，或是如果想申訴某一筆因為沒到班或違反其他條款而被公司扣掉的費用，該怎麼辦。

「我們會打電話問你！」前排一個穿裙子的女子大喊。

「千萬不要打電話給我們。」卡蘿不假思索地糾正她。

○○○○○○

優步非常擅長找到新方法用app來管理獨立承包人員。《紐約時報》二〇一七年寫道：「優步聘請了數百個社會科學家、數據科學家，實驗過電玩方法、圖案以及沒有價值的非現金獎賞，只為了刺激司機更賣力工作、工時更長一點——甚至讓司機願意在獲利不多的時間和地點工作。」[6]

其中一個方法是「加成計價機制」，尖峰時間的車資會提高，以鼓勵更多司機在尖峰時段投入工作。《國際傳播期刊》（*International Journal of Communication*）二〇一六年刊載了一份個案研究，優步透過這個加成機制請求司機在特定時段工作，優步會送出類似以下的訊息：

你確定要下線了？你那一個區域的搭車需求現在非常高。要多賺一點，不要在這個時候停下來！

優步貼心提醒：現在正是餐廳優惠時段，搭車需求非常高！登入你的app，好好把握這個賺錢機會。#開啟優步

我們還要提醒你，預料除夕夜會是今年最繁忙的夜晚，搭車需求非常非常高，是出門開車賺錢的大好時機！[7]

加成收費是為了鼓勵司機在特定時間出門工作，優步這種主動派工作給司機的方式則是為了鼓勵司機每趟都接，不論利潤多少都接。在那份個案研究的當下，優步的基本車資大約五美元，扣掉優步抽走的佣金後，載短程的司機只能拿到三美元左右，這還沒把汽油和換機油的錢算進去，而由於司機在決定要不要接受優步傳來的客人時並沒有詳細資料可參考，所以這種短程客避不掉。

此外，在決定要不要按下「接受」之前，司機也無從得知這趟車會不會離開市區很遠，導致回市區的路上不可能載到乘客；而且一旦接受了，優步還會強烈阻止他們

取消，要是取消太多趟，優步會將他們「停權」。

然後還有「保證時薪」，這是優步希望某些司機在尖峰或重大活動期間工作而提供的時薪，在這些時候，優步會給比較高的費率，類似加成車資，不過司機通常得事先承諾加入。「優步會使用『選擇加入』或『請回覆』這種用語，避免跟它所提倡的自由和選擇有所衝突，同時也掩蓋了一套階級制度——其實只有少數經過一套不透明標準所挑選的司機才有機會加入保證時薪，」那份研究寫道，「司機的確有選擇在費率較低時段『彈性』工作的自由，但是他們的彈性不只是根據基本費率的可行性，也是根據且仰賴市場的需求而定。」

以上種種因素加起來，造成司機很難知道自己一個星期賺了多少錢，雪上加霜的是，優步還常常沒有預警就更改車資費率。有好長一段時間，司機的報酬是以總車資的固定比例來計算，所以如果費率調降，他們每一英里賺的錢就變少。在亞伯居住的堪薩斯市，二〇一五年一月做了一次季節性降價，機場到市中心十九英里的車資原本是三十八美元，降到二十二美元[8]。優步同步在其他四十七個城市做了類似的價格調降，另一方面推出「保證所得」來抵銷降價的衝擊[9]，但是如果要賺到那些保證薪資，九成的客人都必須接受，而且一小時有五十分鐘必須上線工作[10]，基本上等於只替優步工作，這可不是優步當初宣揚的獨立自主。

優步當初的推銷說詞也沒提到支出的部分。二〇一四年五月，優步大肆宣傳「菁英優步」（UberX）司機在紐約一年賺超過九萬美元（「菁英優步」司機是指營業用車不是豪華轎車或休旅車的司機）、在舊金山一年賺超過七萬四千美元，優步在其部落格寫道：「『菁英優步』司機夥伴都是小小創業者，他們在全美各地證明了，做司機是可長期持續且可獲利的。」[11]優步所宣稱的豐厚收入引來《華盛頓郵報》下了一個標題（這份報紙也太容易上當了吧）：「優步驚人的成長，有可能終結計程車司機收入慘淡的時代。」[12]

但是，優步所估算的司機收入，並沒有把做生意必要的成本算進去，而且這個成本之高，把亞伯（堪薩斯市那位優步司機）和其他優步司機嚇了一大跳。油錢、保險費、購車錢都由優步司機自己買單，優步並沒有給他們任何補償。亞伯說：「我沒算到支出竟然這麼高，一個月至少要換一次機油、洗車——車子並不是非洗不可，但是如果用一輛髒兮兮的車子去載人，有失專業——還有汽油錢、空氣芳香劑等等，加起來很可怕。我一開始並沒有發現，扣掉支出後，連基本工資都不到。」根據亞伯的計算，一英里的成本大約〇．五八美元（這是採用國稅局二〇一五年自營駕駛的扣除額所算出），而優步向乘客收取一英里〇．八美元，然後抽走兩成到三成的佣金，再另外跟乘客收一筆叫車費，等於是變相抽佣。亞伯說：「我過了好一陣子才明白，我所賺的錢並不是都歸我所有。他們騙人。」

優步內部估算過，扣除油錢與其他維修成本後司機可拿到多少錢，得出的數字遠遠不及它公開宣傳的高薪。定價機制走漏到媒體手上後，優步乾脆一併公開內部所估算的司機實際薪資（扣除支出後的薪資）：平均來看，休士頓（Houston）地區的司機一個小時賺十．七五美元，底特律（Detroit）的司機賺八．七七美元，丹佛（Denver）的司機賺十三．一七美元——略低於沃爾瑪（Walmart）二〇一六年全職員工的平均時薪[13]。根據優步的定價機制數據，網路媒體BuzzFeed計算出，汽油、保險等營業支出占丹佛全職優步司機收入的兩成二、占休士頓司機收入的二成四、占底特律司機收入的三成一[14]，這三個地方的優步司機收入都高過基本工資，但是沒有高出很多，而且他們不像領基本薪資的工作，休息就沒有薪水可領，也沒有健保之類的福利可享，薪資還可能隨時變動。

優步對外推銷它是自創小生意的好方法，然而，其內部簡報資料卻顯示，它認為會對它的零工工作帶來最大競爭的，是麥當勞[15]。二〇一七年一月，優步同意上繳兩千萬美元給聯邦貿易委員會（Federal Trade Commission，簡稱FTC），以平息FTC對它的指控：誇大薪資收入來誤導司機加入[16]。

僅管優步所宣稱的商機和實際支付的薪資有落差，有些司機對優步還是很滿意，畢竟這仍然是一份工作，而且如同優步所宣揚的，可以兼顧課業或照顧小孩等工作。不過，其他透過優步融資購車的司機可就不滿意了，他們覺得優步的做法造成他們無法抽身。由於優步把費率調得愈來愈低，他們每英里賺到的錢就有愈來愈大比例被自動扣除，拿去償還他們為了做這份工作而購買的車子款項。一個有如此遭遇的司機告訴《衛報》：「我有落入圈套的感覺，感覺我是優步的奴隸。」她最後落得以車為家，她說：「就像骨牌效應，真的毀了我的生活。」[17]

對亞伯這樣的人來說（他之所以加入優步，是因為相信這可以讓他獨立自主又致富），對實際情況的失望特別強烈。他並不指望開優步能賺到一份全職薪水（半數以上的零工經濟勞工把零工當成額外收入來源）[18]，但他希望受到公平對待。跟GIN事件一樣（那場讓他賠了數千美元的老鼠會詐騙），他覺得被誤導，一個組織拿好到不像真的承諾來誤導他。而且跟GIN那次一樣，他不打算悶不吭聲。

當年亞伯發現被GIN詐騙之後，他寫電子郵件給當地電視臺一位調查記者，那位記者接著也從FTC查到類似亞伯的投訴，揭發了這樁騙局（「那次很不尋常」，那位記者萊恩・凱斯（Ryan Kath）證實）。這條新聞很快登上全國版面，ABC節目《The Lookout》還請亞伯飛到GIN所在地的芝加哥，開著要價二十三萬美元、GIN創辦人楚多開過的賓利（Bentley）到機場接他[19]。亞伯一身西裝筆挺，口袋裡的紅色格子手帕跟領帶很相配——在ABC主持人不知情之下，他為了鎮定神經灌了幾杯酒，有點暈陶陶——幫他們去敲GIN辦公室大門，以及據說是楚多的豪宅之一的大門（占地一萬四千平方公尺）。不意外，兩處都沒人應門。然後他們讓他開賓利，「亞伯，這有六百匹馬力哦。」節目主持人之一告訴他，他握著方向盤，笑到嘴角都快裂到耳朵。

「那是我這輩子最棒的一天。」亞伯告訴我。

現在被優步騙了，亞伯會採取同樣策略。他二〇一五年七月在他的「優步自由」Facebook專頁寫下：「堪薩斯市優步司機，該團結起來一起發聲了！我們必須站起來，團結起來告訴優步，夠了！加入這個組織，確保堪薩斯司機受到公平對待！」他寫下：優步在十天前將亞特蘭大的費率調降兩成二，他才加入優步這麼短的時間就碰到大降價，「要怎麼做才能阻止它降價？」

大約在同一時間，優步將亞伯「停權」。根據亞伯的說法，優步並沒有說明原因，不過他認為是為了報復他組織抗議活動（而不是因為他跟常客私下約定的「先上車後補票」），所以他開始蒐集證據，打算告上全國勞資局（National Labor Relations Board），主張他和其他優步司機是被當成雇員對待，而不是承包人員。二〇一五和二〇一六年，這類控告優步的案例有超過十五起，亞伯的訴訟會再添一筆。

我在二〇一六年七月第一次見到亞伯，當時他很熱衷於談論自己的訴訟主張。在堪薩斯市一家潘娜拉麵包餐廳（Panera Bread），他拿出一個透明塑膠文件套，裡面是優步訂定的行為守則，「如果不是雇員，怎麼會有這種東西。」他說。接著他又拿出另外一疊文件，上面是他開優步的工作週報，每份週報下方有個標示「尖峰時段」的圖表，如果他某個時間有出外工作，就會在那一格放上一臺黑色汽車。其中一份週報上面寫著：「上個星期有十六個尖峰時段，其中六個你有開車營業。如果多努力一點，你的時薪可以達到兩百六十美元。」

「它是不可以要求你工作的，但是這些東西就是在暗示你應該在這些時段出門工作。」亞伯說。

橫亙在我們兩人之間桌面的文件愈來愈多，他翻出其他司機傳給他的證據。一個是優步告訴司機不可以常常傳簡訊給乘客；另一個是優步斥責司機沒有透過app交易，而是收現金；第三個是優步寄給司機「取消次數太多的警告」，意思是司機太常接受車趟之後又取消，有被「停權」之虞。就連在這個平台不夠活躍也會收到警告，司機要是不趕快再上工就會被「停權」。

○○○○○○

矽谷創業家或許會認為，零工經濟那些用於指揮勞工的手段只是一種調整，是在調整一種創新，以便適應一個原本有缺陷的制度，不過也有不少人認為，那些手段其實就是老掉牙的避稅方式、避免提供福利的方法。

在很多處理勞資糾紛的律師看來，透過app來協調獨立工作者的工作，非常類似用錯誤分類的方式欺騙勞工這種老招。二〇一五年一月，Instacart（一家零工經濟公司，派遣獨立承包人員去幫客戶採買）的工作者提起告訴，指控Instacart的聘僱方式「不道德、壓榨、無恥」（這起訴訟隨後以和解收場）；二〇一五年三月，零工經濟快遞公司Postmates宣布與星巴克敲定合作協議，負責星巴克的外送服務，第二天，Postmates的工作者就在加州提起集體訴訟（在本書寫作期間，這起訴訟仍在進行中）；Try Caviar（餐點外送服務）和Homejoy（清潔服務）的工作者也提起訴訟（Try Caviar的案件已經和解）。到二〇一六年七月，優步這家零工經濟代表性公司已經有超過七十件官司在聯邦法院進行，其中很多是指控錯誤分類[20]。

過不了多久，已經很難找到有哪家仲介獨立工作者的公司沒有官司纏身。

零工經濟當初是以一種解方之姿誕生，替創投所投資的服務業解決擴大營運所面臨的問題，一直以來都被宣揚為解決經濟不景氣的方法，但是到了二〇一四和二〇一五年，零工經濟已經開始不像是一種創新，反而只是公司勞動力結構長期變化的延續，不僅不是解方，本身就是一個急需解方的問題。

○○○○○

臨時工和承包人員本來就跟公司有比較大的距離隔閡，零工經濟app進一步擴大了這種距離。由於不需要面對面管理，公司和工作者之間的關係不再是人跟人之間的關係。

MTurk大概是最佳例子，完美示範了勞雇之間如何去除人的互動。第一個「機器土耳其人」是十八世紀一個笨拙的「自動」下棋裝置，對弈的人不知道的是，那臺裝置其實有一個活生生的棋手在背後操控，指揮每一步棋。現在的MTurk雖然已經不下棋，但是誇大技術能力的部分仍然沒變。

公司想用程式碼做到某種神奇技術但還做不到的時候，替代方法有時是把工作自動派給MTurk工作者。像克莉絲蒂這樣的MTurk工作者雖然無從確定自己在替誰工作，不過，他們相當確定SergeySchmidt這個帳號（Sergey和Schmidt分別是Google創辦人及前任執行長的名字，而且這個帳號所貼出的工作全都是Google旗下影音平台YouTube的影片）是Google的，也相當確定JackStone這個帳號〔Jack和Stone分別代表Twitter創辦人傑克．多西（Jack Dorsey）和比茲．史東（Biz Stone）〕是Twitter的。透過一件又一件工作，MTurk工作者幫忙這類科技公司「自動」辨識圖片、審查評論、做到電腦還無法自己做到的驚人功能。

曾經有個創業者向我推銷一個app，可以將照片上任何食物的營養成分顯示出來，但是關於這項可以辨識蘋果、梅子、一盤義大利麵並且從資料庫找出熱量含量的技術問題，他遮遮掩掩，果不其然，我在MTurk看到有份工作就是要工作者辨識照片中的食物，他那個app其實是靠人工在背後運作，但表面上又要看起來很神奇，而且亞馬遜的MTurk把這種神奇印象營造得太成功，導致聘僱MTurk工作者的雇主完全忘了是人在背後幫忙。就像一個研究團隊所說的，MTurk網站本身的設計「造成雇主以為自己是創新技術的創建者，壓根不覺得自己是不關心勞動環境的雇主」[21]。

克莉絲蒂有時會接到情緒負擔很大的工作，就是那種在一般職場會先經過準備和同意才做的工作。比方有一次，她打開一件工作才發現是從伊斯蘭國（ISIS）影片翻拍下來的照片，照片上有人跪在爆炸引線旁邊，眼看就要處決，另外還有照片是一個藤編籃子裝滿人頭；照片上的工作指示就跟其他給照片做標記的工作一樣。另外還有一個頁面是虐待動物的照片，寫實到不行，導致克莉絲蒂多年後帶狗看獸醫仍然每次必哭。

對於內含極度寫實內容的工作，唯一的警示通常只有「僅限成人」四個字。只要是涉及「使用者生成的內容」（user-generated content）*這種無法控制的工作，雇主一律標上這四個字，這種工作的報酬比較好，通常也不太有令人不舒服的內容，克莉絲蒂覺得很值得接，所以如果會帶來心理壓力她也能接受。

生理壓力她也可以接受。克莉絲蒂一開始沒理會手腕上一個小硬塊，結果硬塊每天長一點長一點，最後長成彈珠大小，妨礙她握滑鼠，等到她終於去看了醫生，才

---

* 指網站內容是由使用者貢獻產生的。

知道那是腱鞘囊腫。醫生建議動手術，但是手術後的處方藥並不在加拿大州健保給付範圍。這種「聖經囊腫」（腱鞘囊腫的別稱）有一個傳統療法是：用厚重的書敲打。於是有一天她受不了了，給了囊腫狠狠一擊。

疼痛終於消失了，但是另一個地方卻開始痛，在手腕上方一點，往手肘方向。神經內科醫生告訴她，那是腕隧道症候群，是長期重複使力造成的傷害，最理想的因應方法是休息。可是零工經濟工作者沒有職業傷害補償，也沒有給薪病假，而且收入完全仰賴MTurk這類網站的美國勞工當中，有將近四成沒有健康保險[22]。所以，克莉絲蒂戴上護腕、護肘，繼續按滑鼠。

克莉絲蒂一家需款孔急的時候，MTurk是唯一的選擇。因為有這個平台，她先生才能回學校取得文憑，沒有大學學歷、沒有厚厚履歷的她也才能在家賺錢。她把這個平台運用得很成功。

不過等到丈夫終於找到工作，在一家印表機公司駕駛起貨機，她就告訴他，她不要再靠MTurk賺錢了。

沒多久她就申請大學去了。

○○○○○○

每天晚上在阿肯色州杜馬斯教完零工經濟課程之後，泰倫斯就回家煮晚餐給外婆吃，然後再去散個長長的步，思考如何終結杜馬斯的貧窮循環。

替「平等資源」教授第一堂課開始，他就漸漸明白，光靠零工經濟並不是解決之道。

他那套課程的目的是教人如何在網路上建立個人作品集、如何辨別Upwork上面哪個工作是詐騙、哪個工作是真的、如何使用Upwork。他知道別人可能會很合理的以為，把網路工作平台的眉眉角角教給杜馬斯居民就是在弭平就業環境的不公，一開始他也是這麼以為，但是現在他已經完全了解杜馬斯的就業環境到底有多麼不公平了。

杜馬斯有百分之十五的成人沒有念完高中。泰倫斯有些學生連怎麼寫出有說服力的文字都沒學過，他還是要想辦法教他們寫線上履歷；有些學生連閱讀理解都很吃力，他還是要想辦法教他們解讀網路上的徵才貼文。杜馬斯有些居民根本不熟悉電腦，連要在搜尋瀏覽器輸入URL都不知道該打在哪裡，也不知道如何寄電子郵件。根據「平等資源」交給杜馬斯計畫主要贊助人的最後一份報告，泰倫斯的學生有六成沒有電腦，四成四沒辦法上網，連手機都不行[23]。

還有，有些技能在富裕地區實在太普通，以至於大家都忘了那些技能其實跟其他技能一樣需要有人教、需要學習。泰倫斯的學生多半沒被教過如何學習，離開學校後就沒做過跟學業相關的事。泰倫斯知道應徵工作對任何人而言都是一件叫人卻步的事，對一再遭受貧窮挫敗的人更是，要一個一再聽到「抱歉」的人繼續應徵更是難上加難（從他們在Upwork送交履歷開始，被拒絕就是必然的事）。

泰倫斯很快就發現，Upwork上面的工作分兩種，一是完全沒有資格要求（這類工作都被其他國家願意接受時薪三到五美元的人拿走），一是非常專業且酬勞優渥，但是只有大學甚至碩士學歷的人才能拿到。這種不是非常低薪就是非常高薪的兩極化現象，可從Upwork決定給工資訂個下限（最後訂在時薪三美元）、同時又有人利用這個平台寫寫部落格一週就可賺一千美元，略知一二[24]。

泰倫斯知道確實有很多工作轉移到零工經濟，他知道零工經濟讓工作變得彈性，而且給入不敷出的人一個賺錢貼補收入的管道，但是，矽谷所宣揚的那一套——網路是個提供均等機會的雇主、任何人都可以像打開水龍頭一樣輕而易舉開啟就業機會——對住在杜馬斯的人來說卻完全不是那麼一回事，反而帶來反效果，因為零工經濟造成工作競爭國際化，就連在沒有網路的時代由杜馬斯當地人獨享的工作也開始有外人競爭。

在這方面，不是只有杜馬斯如此。紐約大學史登商學院（Stern School of Business）的教授阿倫・桑德拉簡（Arun Sundararajan）以勞工統計局（Bureau of Labor Statistics）的舊金山灣區平均薪資為基準，繪製出灣區當地透過「跑腿兔」等零工網站找到工作者的時薪。他在這份初步研究中發現，如果是必須親自到場的工作，譬如水電工或木工，在零工網站找到工作的人確實比線下同行賺得多。他的解釋是，因為零工經濟節省了找工人的麻煩，所以上網尋求服務的人變多，推升了工資。可是，如果是純數位的工作，譬如圖像設計或寫作，上網找零工者的薪資低於線下同行，他們雖然住在美國最貴的灣區之一，但是在網路上跟他們競爭的人各地都有[25]。

克莉絲蒂嘗試到Upwork找工作也發現同樣問題，她說：「我發現工資競相往下逐底，我無法跟住在收入較低國家但教育程度和經驗跟我一樣的人競爭。」

我為了寫一篇雜誌報導而嘗試加入零工經濟時，也發現同樣的問題。

二〇一三年美國政府停擺期間，雅虎一則新聞標題寫著：「放無薪假？試試到Fiverr接案子賺錢」[26]。Fiverr的名字是緣起於成立時要求工作者一律收費五美元（現在工作者可以自訂不同價格），這家新創的創辦人說，你閒暇時間可以利用Fiverr做你喜歡的事來賺錢。根據Fiverr所資助的調查，有七成五的受訪者覺得這樣的安排聽起來很不錯，我也是[27]，但是等到我發現Fiverr上面有四千七百八十六個像我一樣的工作者願意以五美元做校對，我就覺得不妙了。在網站上如果以「校對」搜尋，我的個人資料會淹沒在好幾頁搜尋結果中，除非是堅持一頁一頁往下看的雇主，不然是看不到我的。

我最後在「跑腿兔」找到工作（當時「跑腿兔」的工作者可以出價競標鄰居所貼出的零工需求），不過我是動用泰倫斯的學生沒有的優勢才得到那些工作。我狂發訊息給各個潛在雇主，搬出我就讀的大學名號，說我以前做過一份工作是幫助高中生編輯申請大學的論文，還戲稱六年的游泳教練經驗讓我特別有耐心。跟大部分事情一樣，投胎投得好是很有幫助的，譬如生為白人。史丹佛大學研究人員在一份研究中發現：以一則貼有實體物品的網路貼文來說，相較於拿物品的手是白人的手，如果是黑人的手，得到的回應會少一成三，願意購買的人少百分之十七——而且這只不過是賣個iPad罷了[28]。泰倫斯的學生大多是非裔，而線上工作平台大多會秀出應徵者的照片給雇主看。

在Upwork這種平台應徵工作，就跟應徵其他任何工作一樣，必須花很多工夫，也同樣充斥歧視和資源不均。

對泰倫斯的學生來說，一再受挫是會叫人絕望放棄的。如果你並不是需款孔急而且很確定還有其他選擇，那麼花好幾個小時應徵卻沒下文還不算什麼，但是如果你的經濟情況禁不起白忙一場而你又花了好多工夫卻什麼都沒拿到，那就完全不同了。

夏奇拉．葛林（Shakira Green）二十八歲，是合格的護士助理，她去上「平等學校」的課是希望找到白天上班的工作，在女兒上學時去上班，不必上大夜班。「課程結束後，我真的是每一天都在應徵工作，不斷應徵，但是過了一段時間都沒有找到任何工作，老實說我有點放棄了，」她告訴我，「我很氣餒，也厭倦了老是要填那些表格、送出應徵文件，卻毫無回音。」

就算泰倫斯幫忙學生整理個人作品集，他們還是幾乎連一次面試機會也沒有。有個學生接到一份客服工作，時薪七美元；有幾個學生去做時薪三到五美元的工作；還有一個學生接到一件五十美元的案子，但是必須花好多時間才能完成，所以時薪等於少到沒有任何意義了。

泰倫斯第一梯次的課程結束後，學生的反應都一樣：這是個很好的平台之類的，但是我們在上面花了好多時間卻什麼都沒得到，工作都到哪裡去了？

就算是成功在零工經濟找到工作的學生，譬如找到接聽客服電話工作的蓋瑞，也覺得收入不穩定、生活沒有保障。一個原因是，零工經濟大肆宣傳的彈性，往往只對公司而言，而不是對工作者。蓋瑞的工作契約規定他「每週工時最少三十小時」，但是這個規定最後只是單方面的約束。每當工作量夠多的時候，蓋瑞有義務每週至少工作三十小時，但是當工作量沒那麼多的時候，他可能只有十到二十小時的工作可做。他無法得知什麼時候有班可上，也就是說，他不能另外找其他工作來做。

他七月開始做遠距電話客服時，這個問題還沒浮現。由於他接聽的電話是空調損壞報修，所以在炎炎夏日不愁沒工作做，要是沒辦法做滿三十小時或不想做，他還得事先告訴上頭的人，不然無故缺席會影響他的評比。

不過，一入秋之後，蓋瑞就發現慘了。還要好幾個月才進入暖氣機報修季節，正當美國絕大多數人開始享受溫和天氣的時候，蓋瑞卻在為下個星期能上班多少小時發愁。

蓋瑞和其他虛擬承包客服是輪流揀選上班時間，由評比最高的人先挑。工作時數通常每兩週公布一次，但是會被挑得愈剩愈少。蓋瑞很幸運每週能拿到十五小時，如果有人因為去看醫生或突然有事而被沒收時數，他就能再多拿幾個小時。「就是這裡搶一點、那裡搶一點，」他說，「要常常去看公布欄，大概每個小時都要去看，半個小時去這裡看看，半個小時去那裡看看，想辦法多接幾個小時。」

培訓那一個月沒有薪水，蓋瑞就已經繳不出帳單費用，現在也沒有存款可以支應無工可做的空窗期。

儘管如此，蓋瑞知道有人比他更慘。他跟幾個一起接受客服培訓的人一直有聯絡，有些人說他們的時薪只有三到四美元，也就是說，有很大比例的工資被上頭的管理者（大多也是承包人員）拿走了。這並不是說全職僱傭關係就一定能避免這種偷竊行為，而是指在零工經濟這個體制裡，給承包人員三到四美元的時薪是合法的（只要真的把他們當獨立承包人員對待），他們並沒有受到基本工資法律的保障（阿肯色州二〇一六年的法定基本工資是時薪八美元）。「我不在乎工作時數多少，」蓋瑞說，「但是時薪三美元實在太少了，沒辦法付帳單。」

泰倫斯也這麼認為。「平等學校」的目的是教人應徵工作，但是如果沒有必要技能，是很難找到工作的。所以泰倫斯針對下個梯次的課程提出建議：不只要教學生如何使用Upwork（那個零工經濟平台）、如何宣傳自己，也要傳授有助於找到工作的技能。「平等資源」贊同這個策略，於是泰倫斯教導接下來報名參加十週課程的學生如何做虛擬助理、客戶服務、社群媒體行銷。儘管如此，二十一個報名上課的人當中，只有兩個成功在網路上找到工作。

針對下一個梯次的學生，「平等學校」這次決定只傳授一種有價值的技能。至於該傳授哪一種技能，它做了內部分析，社群媒體似乎是最佳的著力點，因為很多小公司承認不知道該如何使用社群媒體，也沒有相關策略，它們想找母語是英文的兼職人員，可以遠距工作，薪水也相對不錯。

問題是，那種工作需要不斷的創意思考以及字斟句酌的寫作能力，而這些條件跟他學生以前的經驗並不相符。泰倫斯說：「我們一直都是做勞力活，找份工作，老闆叫你做什麼你就做什麼。」要在十週的課程學會新的工作能力，困難重重，但是泰倫斯知道，很多學生所習慣的工廠和零售工作正在消失中，他去走每天六英里的散步時會思考：如果機器繼續發展下去，到最後把那些工作全接手去做會有什麼後果？杜馬斯到底還能做什麼？他還不準備放棄零工經濟。

「平等學校」再一次調整課程。這次不要學生到Upwork找工作，而是徵求一些小公司，請他們僱用結業學生做實習生。

這樣的安排比較有激勵作用：學生可以領到薪水（三百美元，這筆錢主要是「平等學校」出的），而且又能讓他們覺得工作是他們自己面試得到的。他們想了一些社群媒體策略，希望這些小公司最終會聘僱他們去執行，但是經過兩輪課程下來，參與實習的學生有十三個，卻只有一個繼續留在實習的公司工作。報名人數和上課出席率開始萎縮。

我二〇一五年底到訪的時候，晚上六點十分來到泰倫斯某一堂課，課原本應該六點開始，但是寬闊的互動教室卻空無一人，我看到泰倫斯斜倚在外頭的欄杆。

「我不知道到底發生什麼事。」他告訴我。他剛剛才跟一個學生講完電話，那個學生頭痛，不來上課，還有一個學生去看兒子的足球比賽。「以前從沒這樣過。」他繼續說，挫折的淚水盈滿眼眶。

泰倫斯是那種下了班仍不忘工作的老師，他當然有每個學生的手機號碼，於是他開始瘋狂打那些號碼，按照對方的年齡或撥電話或傳簡訊。他先打電話給一個社區大學學生：她覺得課程太難嗎？是不是一天內就塞了太多東西給他們？她的確這麼認為。他把這通電話錄下來，打算下次跟「平等資源」開會時播放出來。一個在菸草超市工作的女學員後來終於來上課——泰倫斯打電話過去的時候，她正在睡覺，電話把她叫醒——泰倫斯問了同樣的問題，有五個孩子的她回答，她當然應付得了這個課程。

離開杜馬斯之前，我來到市中心的雜貨藥房買點心。我拿著醃黃瓜和一些洋芋片在店裡的用餐區坐下，看著白人從前門進進出出，黑人從後門出入，偶爾有人打破這種習慣。雖然已經不強制規定了，但是習慣仍然存在。

一個身穿紫色格紋襯衫的年老黑人，拖著腳步從後門走進來，在櫃檯拿了他的處方藥，「這個位子有人坐嗎？」他問我。沒有，於是他坐下。

他問我是不是「北方」來的，我說是。我問他是不是住在杜馬斯，他說以前是，一直住到房東漲房租、把他的東西全堆到客廳。

他說晚上應該會下雨，我問他下雨是不是好事，這裡的田地需不需要雨水，他的回答可以總結零工經濟以及整個經濟最基本的問題，「有些人夠了，」他說的是雨水，「有些人太多了，有些人缺得很。世間事就是如此。」

09 CHAPTER 好工作策略

才剛決定更改「住家大樓維護」的定位，短短六個星期後，二〇一四年四月，Q總管就推出辦公室清潔和雜務服務。沒過多久，薩曼、艾瑪、丹恩就已經開始懷疑他們選擇的模式——把清潔工作外包給包商——能不能如他們所願順利運作。

在軟體的建置方面，僱用獨立承包人員證明是很好的策略（薩曼跟一組住在阿根廷的自由工作者合作，成功打造出Q總管第一個iPad app，跟那群人共事很輕鬆愉快，app也很好用），可是，是不是也能保證清潔部分每天都能做得很好，就很難說了。

Q總管向客戶承諾會提供仔細、個人化的服務，它有一個「正面接觸點」

（positive touchpoint）*叫做「knolling」，就是將桌上每個物品呈現九十度角排列，看起來很像排列整齊的工具檯。根據它的行銷說詞，客戶每天看到清潔人員都是同一批人，服務可以客製化，譬如客戶可以指示辦公室椅子要如何排列——透過Q總管裝在他們辦公室牆上的iPad下指令。

Q總管實地開始清潔工作之後，馬上就發現客戶還真的對椅子排列方式有自己的要求，不只如此，客戶也希望大廳長椅的靠墊要排成特定樣子、咖啡機的清洗要用特定肥皂。Q總管會把這些要求傳給清潔公司主管，但是不見得每次都能一絲不苟的落實。

Q總管選擇跟清潔公司合作，由它們提供清潔人員，而不是自己直接聘僱。對那些在清潔產業打滾很久的清潔公司來說，Q總管的客戶所提出的要求有些很吹毛求疵：一間辦公室占地一萬平方英尺，Q總管真的連靠墊的擺放都要計較？

艾瑪每天進Q總管辦公室工作一整天後，晚上常常還得去客戶的辦公室，去檢查清潔人員有沒有落實客戶透過iPad所反應的事項（從iPad傳來的訊息必須再用電

---

* 接觸點是指消費者與產品互動接觸的瞬間。

子郵件轉達給清潔公司主管）。不只是檢查細節讓她疲於奔命，有時候清潔人員沒到工，她就得馬上打電話給可信賴的清潔人員來接手；有時候沒有人帶拖把，她就得在深夜跑一趟家得寶（Home Depot，家飾建材零售商）。

這些都是問題，因為Q總管的服務必須做到完美，生意才做得起來。薩曼、丹恩、艾瑪知道清潔公司大多有業界所謂的「客戶流失現象」：客戶流失率高，公司必須花很多錢去找新客戶；零工經濟裡的清潔公司也不例外。以Homejoy為例，據說它花了大筆錢才爭取到客戶，卻很難留住客戶。為了吸引客戶，Homejoy大打廣告促銷優惠，把價格砍到很低，甚至低到首次到府清潔只要十九．九九美元，然而在新客戶身上投資的大把鈔票卻有去無回。記者克莉絲汀娜．法爾（Christina Farr，她當時替Backchannel網站跑新聞）檢視了第三方對Homejoy的財務所做的分析，上面顯示，Homejoy只有四分之一左右的客戶在第一個月後仍繼續使用服務，持續使用半年的客戶不到百分之十[1]。

Q總管遊說投資人的說詞之一是：Q總管會做得更好。「客戶不流失！絕對不會！」成為公司非正式的廣告口號，不過杜絕客戶流失的唯一方法是讓客戶滿意，這比兩位創辦人所預期的還要困難：Q總管大約一個月後就流失最大客戶。大約同一時間，艾瑪與Q總管切斷關係，丹恩接手清潔部分的營運。

激勵「作業員」（Q總管對第一線清潔人員的稱呼）拿出更好表現，成了第一優先，而第一步是認識他們。某個星期六，兩位創辦人邀請每個清潔人員到辦公室吃披薩，薩曼和丹恩介紹了iPad的新功能（譬如已經有提供照片，可確定長椅上的靠墊要怎麼擺），並且表揚表現良好的作業員。這種「集會」舉辦到第二、第三次的時候，清潔人員已經不止十到二十位，而是六十到七十位，丹恩和薩曼用抽獎方式送獎品，包括一臺iPad。

兩位創辦人覺得認識清潔人員是對的，但是問題不會因此就自動解決。一來，Q總管跟清潔人員的關係愈親近，跟清潔公司的關係就會愈尷尬棘手，因為清潔公司覺得Q總管越界了，畢竟作業員並不是Q總管的雇員。二來，集會並不會使清潔服務突然變得容易，潛在災難仍然以叫人疲於奔命的頻率一再出現。

少了艾瑪的情況下，丹恩不知不覺大部分時間都在滅火。一個客戶懷疑Q總管一個作業員喝了他們的酒，他就趕緊帶著一瓶威士忌跳上摩托車；另一家新創公司抱怨Q總管把清潔用品亂堆在它的辦公室，他就找了個週末到那家公司，組裝好一個儲物架；清潔人員如果沒有依約現身工作，他就和Q總管其他元老員工在辦公室做完當天工作後，晚上接著去打掃客戶的辦公室。

在其他地方，跟優步類似的公司也有同樣困擾，服務要做到完美很難。二〇一六年底，紐約的「優質商業局」（Better Business Bureau）接到三百五十件投訴是針對Handy（一家零工經濟清潔公司），其中一百八十六件跟服務有關。並不是Handy所有清潔人員都做得很差，而是跟客戶的期待有落差。那家新創公司在Yelp網站的評等不斷在兩個極端來回擺盪，有超過兩千則拿滿分五星的評分，有將近一千則是給一星評等，有些人對某某清潔人員讚不絕口，有些人訴說偷竊、零星的品質問題等可怕故事，還有不喜歡每次來的清潔人員都一樣。

許多「××優步」公司提供的服務比較複雜（譬如Handy和Q總管），不像優步只須把客戶從A地送到B地即可，它們的工作人員必須踏入別人家裡打掃、必須到不一定準時的餐廳取件送貨、必須完成一大堆跑腿差事，要它們提供完美服務比較困難。

舉辦作業員集會，的確可以幫助Q總管更了解作業員面對的難題，也是提供指導的一個管道，不過對於作業員的工作改善有限，也讓Q總管創辦人開始懷疑，是不是作業員根本就做得很差。Q總管終於去詢問包商付多少薪資給清潔人員，結果有些只給基本工資而已，這跟艾瑪當初打電話給幾十家包商徵求合作時打聽到的情況一樣。大部分包商對清潔人員的薪資都含糊其辭，談到金額的時候支支吾吾，不願提供數字，不然就說「呃，要聽正式登錄的數字，還是私下的數字？」很明顯，紐約的辦公大樓清潔工作（除了摩天高樓那些有組織工會的清潔工作之外），並不是好零工。

這令丹恩和薩曼很不安，不只從公司角度（無法控制薪資，就沒有什麼好方法可以有效激勵、訓練人員），從個人角度也是，他們兩人都不希望自己開的是一家低薪、工作沒意思的公司。

創辦一家科技公司，很有可能得承受高壓、瘋狂工作、夢想破碎，而且還極有可能以失敗收場，所以，若不是懷抱遠大理想，投身創業似乎沒什麼道理可言。薩曼和丹恩也是如此。

薩曼創業之前從事的是廣告業，偶有吸睛之作，最廣為人知的作品是「華堡祭品」：透過一個Facebook app，只要「刪除」十個Facebook朋友就能免費獲得漢堡王（Burger King）一個華堡。但是到了二〇〇九年，美國陷入經濟衰退，薩曼覺得想盡辦法要人買車子、買漢堡似乎沒什麼意義，尤其在跟奶奶介紹自己的工作內容時感觸特別深：為了翻譯成波斯語給奶奶聽，他得把工作內容簡化成最基本的元素和語言，結果聽起來就是一個很蠢的工作。

這種想做點什麼的欲望，並不全然是利他，更精確說，是想做點能夠永久存在的東西，而不是他一直在做的虛無縹緲廣告。不管怎樣，自我的驅使也是原因之一。

後來薩曼的太太被外派到日本，他便辭掉廣告工作隨她一起去，在他們位於東京的公寓裡，他開始經營一個勞力市集，在二〇一〇年正式推出。他的初衷是想「讓這個世界擺脫失業」，搭建一個平台，讓「律師、畫家、保母、麵包師傅、攝影師、家教老師、打字員、廣告文案人員、水管工人、派對籌辦人員、程式設計師、藝術家和演員」可以跟雇方相互聯繫。他告訴一個科技部落格：「沒錯，傳統意義的僱傭關係已經不是過去那個樣子（而且可能再也回不去了），但是，能力出眾、充滿幹勁的人仍然有不少機會可以開創一種可持續的、生意興隆的自由接案事業。」[2]他所說的就是零工經濟，只是當時還沒有人以「零工經濟」稱之。而且跟零工經濟很多公司一樣，薩曼的事業也是從善意出發，或許還有點天真。他將公司取名為Tischen，「桌子」的德文（他後來回想才發現，他的目標客戶大多不會唸這個字）。Tischen沒有成功，不過把他帶進了創業這個令他逍遙自得的世界。

丹恩之所以投身新創，同樣也是自我的驅使，再加上想做點有意義事情的欲望。那種欲望從小就萌芽，在他說想當總統的時候，一直持續到整個高中時期。那時的他，不怎麼理會課業，注意力反倒都放在「抗議學校到迪士尼世界校外旅行」這類事情，因為他讀到迪士尼用血汗勞工，所以自己規劃了「仁愛之家之旅」，以示抗議。

二〇〇七年離家上大學之前的暑假，丹恩開車載著女朋友（普林斯頓大學的大四學生）和哥哥到費城，去聽當時擔任參議員的歐巴馬在一個演唱會場地演講。當歐巴馬帶領群眾合唱〈生日快樂〉祝賀當地一位名人（那位名人剛剛唱完國歌），丹恩很感動自己看到了一個不一樣的政治人物。歐巴馬說到美國有些家庭「不知道錢夠不夠加油、不知道該把錢存下來當退休金還是給小孩念大學」，而且有四千五百萬人沒有健康保險。他提到「一個非常簡單的觀念：所有人彼此之間都有簡單的道義責任」，丹恩不知不覺頻頻點頭。「可是我們並沒有負起責任，」歐巴馬繼續說，「到最後反而把責任怪到別人頭上，責怪另一個政黨，責怪移民，責怪同志族群，老是在找理由原諒自己的無能為力。所以，我想這就是有這麼多人在全國各地站出來的原因。」[3]

丹恩深受鼓舞。他不是那種鼓吹希望和改變的人，但是他想有所貢獻，更何況他不認為有誰可以做得比他好。希望和改變的氛圍飄散在空氣中，可以感覺得到，可以觸摸得到，更加堅定了他想成為政治人物、想從事社會議題的心願。

他大學畢業後的計畫是入伍，先擔任海軍軍官再競選公職。原本基礎訓練開始的時間都已經安排好了，不料在一場橄欖球比賽中，他因為對手的關係而摔倒，撕裂前十字韌帶、內側副韌帶、半月軟骨，最後只能留在紐約市擔任律師助理。他不喜歡從事法律工作——法律過程牽涉的文書工作太多，要靠法律有所作為太緩慢——因此不會主動積極跨入政壇，不過他對社會議題還是很有興趣。

丹恩和薩曼都認為自己是可以對社會產生正面影響的人，但Q總管現行的商業策略不見得能實現那樣的願景。

要解決這家公司生意上的問題以及兩位創辦人的認知失調，答案顯然就是自己聘僱第一線工作人員，而且不只是聘僱他們（不是當了雇主就一定是好雇主），還要好好訓練他們，給他們比較好的薪資待遇。

走這條路可能碰到的問題是：資金。二〇一四年八月，公司成立四個月後，Q總管宣布募到七十七萬五千美元的資金，這筆錢足夠應付幾個月，暫時不必啟動另一輪募資。初期投資人當中，至少有一位看出Q總管和優步有同樣吸引人的相似之處：史考特．貝爾斯基（Scott Belsky）。也是優步早期投資人的貝爾斯基，很喜歡Q總管（在那個時候的簡稱是Q）的想法：成為一個科技平台，以中間人角色促成勞務和商品的交易，也就是說，這是一家不必花太多前期投資就可以無限擴大規模的新創。

「我喜歡那種可以取代原有管道又能提升某種日常生活經驗的生意，我稱之為『介面層』（interface layer）生意。」貝爾斯基當時告訴新聞網站《商業內幕》（*Business Insider*），「優步做的就是交通運輸的介面層生意，Shyp（貝爾斯基的另一個投資）做的是貨運的介面，而Q是辦公室（空間）管理的介面。」依他之見，Q這個「介面」有潛力「翻轉很多在底層運作的產業」[4]。

當時很多投資人跟貝爾斯基一樣，仍然傾心於當時大行其道的「優步化」策略（也就是找承包人員，旗下不直接僱人），如果要吸引他們投資，Q總管就必須為它決定反其道而行直接僱人的做法找到正當理由。它打算搬出一家跟優步一樣成功的公司來證明其策略可行：星巴克。那家公司把咖啡店店員的工作搖身一變，從專業版收銀員變成很潮的職業，有福利可享，還有步步高升的可能。Q總管打算把那套做法用在它的「作業員」身上。

丹恩有個朋友認識星巴克一位高階主管，那位主管名叫德芙拉·漢利（Dervala Hanley），是星巴克的全球策略副總，當時她正在規劃啟動星巴克和亞利桑那州立大學（Arizona State University）的合作（現在，想進修取得學士學位的星巴克員工，都可透過這項合作計畫獲得學費補助）。這項合作——她後來也寫進領英（LinkedIn）

的個人簡介內——一推出就獲得相當於二十億美元的媒體曝光，歐巴馬總統也曾親口提及。眼見有機會認識一個曾在服務業創造好工作的開創性人物，丹恩立刻請求引見。

德芙拉向丹恩提到《好工作策略》（*The Good Jobs Strategy*）一書，作者是珊妮普．湯恩（Zeynep Ton），MIT商學院教授，書裡主張：提供優渥工作給員工，對公司的財務有利。那本書側寫了QuikTrip便利超商、優比速快遞（UPS）、好市多零售（Costco）、喬氏超市（Trader Joe's）這幾家因為給員工好工作而受惠的公司，透過有力、熱情的筆觸，湯恩描述了一種不同的經營方式，跟Q總管的想法不謀而合。

> 你當然可以犧牲員工來換取成功，給他們爛工作——低薪、福利很少、工作時間不固定、工作設計得讓他們很難有好表現或很難找到意義和尊嚴等等。商業界有很多人理所當然地認為，爛工作是降低成本、維持低價的必要手段。

但是，那本書主張，你還有另外一種選擇，而且仍然可以讓你獲利，那就是提供相當不錯的薪水和福利、穩定的工作時間。

這些公司為了有一群薪資不錯、訓練精良、幹勁十足的勞動力，花在勞工身上的錢比競爭對手多很多，但是也享受到豐碩的成功果實，有些甚至可以一面花錢在勞工身上一面還能以最低價在市場競爭——而且是透過高利潤和高成長達成的。[5]

根據湯恩的結論，投資於勞動力的關鍵是：營運效率（operational efficiency）。光是對員工好還不夠，公司還必須充分授權給員工，才能有良好的客戶服務、避免陷入代價高昂的混亂失序。公司必須容許員工打破標準做法來因應客戶需求；遇到淡季時，公司應該要求員工找其他工作來做，而不是減派人手；派給每家門市的人手，應該比員工預估所需的人手多，而不是少。湯恩認為，只要好好落實以上這些事，就算是主打低價的生意也適用好工作策略，QuikTrip便利超商就是一例。

按照湯恩的模式，由於員工受到良好訓練而且流動率低，所以有足夠的知識可協助客戶；由於門市不會人手不足，所以有時間可協助客戶。「他們會更賣力工作，也會做得更好，」湯恩寫道，「員工流動率降低，員工的經驗自然就比較多，犯錯也會跟著減少。」[6]這是一套有研究根據的思維，不是零工經濟那種純粹假設的勞動力革新假說。在Q總管做了一年左右之後，丹恩終於見到湯恩。「她並不是那種同情心氾濫的濫好人。」丹恩給了這句評語，這是贊同。他引用她的理論來證明直接聘僱員工之必要。

雖然是從清潔服務切入，但是丹恩和薩曼的計畫是做一個儀表板，讓辦公室管理者只要按儀表板上一個按鈕就能提出任何要求，從換燈泡到辦外燴都可以。如果客戶滿意Q總管的清潔人員和雜工，這段關係就可能成為一個銷售管道，販售辦公室所需的任何用品；但是如果Q總管派去的作業員討厭自己的工作、做得心不甘情不願，客戶就不太可能透過儀表板購買其他東西。爭取新客戶很花錢，Q總管如果派出一個沒有經過審核與訓練、缺乏幹勁的員工，流失生意也是剛好而已。

不只如此，提供好工作還能替Q總管省下招募清潔人員的錢。零工經濟常常苦於留不住人。根據愛莉森・葛里斯沃（Alison Griswold，她當時是《Slate》網路雜誌的記者）的報導，Handy前員工估計該公司每週引進四百到五百名新進清潔人員，每一名的召募成本是幾百美元（Handy告訴愛莉森・葛里斯沃，其召募成本不到一百美元），報導中還做了估計，經過六十到九十天後，有兩成到四成的新進清潔人員不再接Handy的工作[7]，也就是說，幾百美元的招募費用白花了。

對照之下，採用湯恩的「好工作策略」的公司，少有人辭職。以QuikTrip為例，每年有百分之十三的員工離職，這個比例遠低於業界的百分之五十九。喬氏超市全職員工的流動率甚至不到百分之十；而在好市多工作一年以上的員工，流動率只有百分之五．五[8]。

出了矽谷，好工作策略並沒有什麼好大驚小怪。「那是企管碩士班的基本常識，」黛安．波頓（Diane Burton）表示，她是康乃爾大學（Cornell University）人力資源研究教授，這話是她聽到《紐約時報》解釋Q總管的策略之後說的，「如果人是競爭優勢的來源，很明顯，長期的僱傭關係以及所謂的『好工作』不僅對員工好，對公司也好。」[9]這就是為什麼雖然法律沒有明文規定，美國有些雇主還是提供給薪產假、有薪假、有薪病假，因為它們必須在吸引、留住員工這方面有競爭力。

但是在新創世界，好工作策略只限於自家辦公室內部（它們甚至發揮到極致，有免費餐點和乾洗衣物服務）。丹恩向潛在投資人解釋這個策略時，有些人駁回，逼他改回優步模式，但是也有人認為是明智之舉。

二〇一四年十一月，Q總管宣布種子輪（seed round）募資募到一百六十五萬美元；二〇一五年一月又募到一千五百萬美元。「員工是我們最大的強項，不是愈少愈好的成本。」Q總管的Twitter帳號在早期一則發文寫著，還附上最新的徵才連結，「來打掃吧！」

紐約州的最低基本工資是時薪九美元，Q總管作業員的起薪則是每小時十二．五美元[10]，這個起薪比不上優步的平均時薪，但是根據紐約州的資料，已經比一般清潔人員的薪水高很多，紐約州剛入行清潔人員平均年薪是兩萬一千美元，若以每週工作四十小時來計算，時薪為十美元[11]，而以全國來看，平均年薪是一萬五千美元，換算成時薪是七美元[12]。

Q總管作業員每半年加薪一次，時薪加〇．二五美元；如果每週工作超過三十小時，就享有免費健康保險、四十小時休假、退休儲蓄計畫[13]。此外，Q總管也把提供穩定工作列為優先。這家新創的營收主要來自每週固定的辦公室清潔，不像商店或優步或Handy會有難以預料的繁忙時刻，所以員工每週的工作時間是固定的。

除了給薪比其他競爭對手大方之外，Q總管也替作業員架構了一個升遷管道。有些員工就善用了這個機會，一步步在公司愈爬愈高，譬如三十九歲的安東尼．納克斯（Anthony Knox），他出生於紐約哈林區（Harlem），是三個孩子的父親。

安東尼第一次聽說Q總管，是他在人力資源管理局（Human Resources Administration）上班的時候（他在那裡每週要告訴三十個人哪裡有住的地方、哪裡有提供衣服、哪裡有剪髮服務），當時他心裡期待，一家正在成長的公司應該有比較多的機會吧，他說：「你工作努力的程度，某種程度決定了自己。」

他送出履歷（上面詳述了他擔任醫療助理十一年的經驗以及他有護士學位），馬上就接到電話通知，要他去參加招募說明會。在說明會上，他接受了口試，回答「如果要清潔這個表面，你會直接在上面噴灑清潔劑，還是先把清潔劑噴在抹布上？」等問題（正確答案是先噴灑在抹布上，才不會噴到別人的衣服或眼睛），然後做兩份仔細清潔的考試（有薪水）。他兩件都做得很好，便拿到了辦公室清潔的工作。他現在還記得，在二〇一四年十一月二十一日那一天，他開始做這份工作，一小時賺十二．五美元，同時還繼續人力資源管理局的工作，也就是說，他得從布朗克斯（Bronx）的家裡到皇后區（Queens）做白天工作，下班再到布魯克林或曼哈頓做清潔工作，這成了他的日常。

當時Q總管只有幾十個第一線作業員、十個內勤作業員，所以「大家差不多都認識」。

他打掃的第一間辦公室是一家專業顧問服務公司，占地一萬七千平方英尺，打掃時間是週一到週四，週六還要再掃一次。他每次到的時候，第一件事是把所有桌子上的碗盤蒐集起來，放進洗碗機。在洗碗機運轉的那四十五分鐘，他清潔廚房，接著把洗好的碗盤收好，然後去整理桌子，每張桌子都必須先擦掉灰塵再用濕抹布擦過。男生洗手間有兩間廁所、三個洗手臺，女生洗手間有四間廁所、三個洗手臺，還有專丟「女生那些東西」的小小廢紙簍，他會把洗手間的牆壁、馬桶、垃圾桶、戴森（Dyson）烘手機全部清潔一遍。整個清潔工作在四個半小時內完成，趁下班後辦公室關閉之後進行，客戶們都給他五顆星評等。

幾個月後，Q總管把安東尼升到「指導員」，也就是他打掃的時候要一面指導新員工，比方教他們打掃浴室用粉紅色抹布、鏡子和玻璃用藍色抹布、廚房用黃色抹布；魔術海綿必須沾溼才有用；垃圾桶該如何擺放才整齊。他的薪水加到每小時十四美元。

又過了幾個月，他被升到督導員，負責四十到六十五個客戶的品管，時薪十五．五美元。他每天都會進Q總管拿鑰匙和檢查排程表，那些東西放在公司的用品櫃，滿滿整面牆的落地櫃是用透明塑膠儲物箱層層疊起，裡面裝滿公司發給員工的用品包：有Q總管商標的帽子、T恤、外套、太陽眼鏡、隱形眼鏡盒。安東尼會用指紋打開上了鎖的保險箱（裝在用品包對面的牆上），裡面有一大堆各種顏色的鑰匙串，鑰匙旁的紅燈如果閃爍，就代表是他預定要抽查的辦公室鑰匙。

我二〇一五年八月認識安東尼的時候，像他這種可以用手指開啟保險箱的督導員在紐約有八個。然後，他會把鑰匙交給他即將去「抽查」的清潔人員。如果檢查發現有錯，他會告訴他或她哪裡不對；如果客戶有任何意見或是清潔服務有任何改變，他會負責傳達給清潔人員。接下來，他想管理訓練的部分，他說：「你得自己選擇要走什麼路，我喜歡訓練人，因為只要你把正確方法教給他們，他們通常就會做對。」

或者走IT這條路也可以，他說。他有空會觀察公司內部電腦工程師的工作，直到學會為止。他告訴我：「不一定要有學位，只要具備那些技能，他們就會提拔你。你其實不必一直換公司，待在同一個地方，從清潔作業員做起，最後也能爬到公司高層。你也可以去麥當勞從收銀員做起，但是要做到能擁有一家加盟店要走的路就長多了。」

到二〇一五年七月，Q總管在紐約有兩百二十八個客戶，芝加哥有二十五個，舊金山有二十八個，客戶留存率超過百分之九十。除了例行的辦公室清潔費用之外，客戶每月總花費還有將近三成是貢獻給Q總管，添購維護和清潔的用品[14]。此外，Q

總管的好工作策略也開始受到注意，CNN稱之為「反優步模式」[15]。

同一時間，優步模式用於運輸以外行業的難度之高，也愈來愈清楚。Homejoy（另一家零工經濟清潔公司）在二〇一五年七月宣布即將停業，其他跟進的公司還包括大肆宣傳要利用零工經濟解決舊金山停車問題的公司，不是改變生意模式就是關門大吉。Washio這家隨需洗衣新創（一磅衣服只收二．一九美元費用，含洗衣、摺衣，不含運送）也宣布不幹了[16]。根據產業分析機構CB Insights的數字，創投對零工經濟的投資案，從二〇一五年最高峰的一百七十九件，下滑到二〇一六年的一百一十四件左右[17]。

不管是基於丹恩和薩曼所主張的理由（訓練、幹勁、服務的一致性），還是基於避免官司纏身的理由，捨棄優步模式選擇自僱員工模式，已經成為零工經濟的新趨勢。

Instacart（這家外送日用品新創原本完全仰賴承包人員）也決定自己僱用員工，不再完全依賴承包人員，「這是一個需要常常訓練員工、指導員工的行業。」該公司執行長阿葡瓦．梅塔（Apoorva Mehta）表示[18]。最後，Instacart提供訓練給員工，教他們如何挑選已經成熟的酪梨、如何辨別羅勒和香芹。Shyp（這家貨運公司最初也是仰賴承包快遞員到客戶家裡取件再送到自家倉庫）也做了同樣的改變，該公司執行長凱文・吉本（Kevin Gibbon）在一篇部落格貼文中解釋：改為自僱員工，是「一種投資，經營我們和快遞員之間的長期關係，我們相信這樣的投資最終能為客戶創造最棒的體驗」[19]。外送餐廳Munchery和Sprig推出沒多久，旗下外送員也從承包人員改為自僱員工。零工經濟還是很風行，在矽谷內外都是，雖然有些新創在改成自僱員工之後仍然以失敗收場，但是Q總管某種程度已經證明：好工作策略是可行的。

經營Q總管的壓力依舊很大，但不是因為客戶和清潔人員流失率高，而是兩位創辦人之間的嫌隙日漸升高。

丹恩和薩曼原本都掛名共同執行長，但是現在丹恩是執行長，薩曼帶領產品團隊，在新的辦公室，兩人分開坐：薩曼跟電腦工程師坐一起，丹恩和業務團隊一起，分坐不同區域。薩曼在Q總管成立後就離開紐約市，搬到威斯特徹斯特（Westchester）；如果半夜三點有人因為拖把數量不夠而打電話來，通常是丹恩去處理這類深夜緊急狀況——丹恩有時覺得很煩，他得半夜從床上掙扎爬起，去家得寶採買。兩位創辦人不常講話，對於公司應該如何經營，想法也愈來愈不同。「我們開始（在辦公室）爭執，就像父母在孩子面前吵架一樣。」薩曼說。

二〇一六年一月，薩曼離開公司（他仍然是大股東），「很像跟你的小孩分開。」

一年多後他告訴我，把那次經驗形容為「超現實」。丹恩雖然覺得新的安排對公司比較好，但是後來也說這是他擔任執行長以來最困難的決定。

Q總管距離獲利還有很長的路要走，這段旅程絕對不是坦途。

PART 4

反彈

10

CHAPTER

媒介本身就是社會運動

各種「××優步」很快就成為隨需經濟的代名詞。拜優步模式之賜，有錢但又不是有錢到令人反感的城市居民，生平第一次，只要按個按鍵就能滿足各種需求，各種新創公司會號召獨立工作者幫忙送餐、採買日用品、洗衣、停車，只收少少的費用。「在這個凡事都講究隨需的新世界裡，」一個批評者寫道，「你不是被寵壞、與世隔絕的皇族，就是二十一世紀的傭人。」[1]

這種平價的皇室待遇，價格還在繼續下探。在必須趕快成長壯大的壓力之下，新創公司常常打折攬客，跟對手削價競爭；優步和來福車就展開了一場「價格大戰」，搞到在某些城市的價格甚至比公共運輸還便宜。它們所砍掉的價格，有一部分是靠創投的錢來補貼（創投投了幾十億美元在這些公司），但是也有一部分是刪減司機的報酬來彌補。隨著優步和來福車愈來愈普及，這些公司不斷調降車資、提高抽佣，以服務費為名從車資中抽走的比例愈來愈高。消費者即使知道降價對司機首當其衝，似乎也不在乎，數百萬筆信用卡帳戶的匿名資料顯示，優步每週用戶的成長在二〇一五年開始加速[2]。根據優步共同創辦人蓋瑞特．坎普（Garrett Camp）的說法，到二〇一七年，優步在全球各地已經有大約兩百萬個司機、六千五百萬個客戶[3]。

優步常常辯稱降價可以讓司機賺更多，這種論點在某種供需情況之下確實成立。當優步降價，使用優步的消費者會增加，司機的載客機會會變多；另一方面，由於報酬變低，司機出外賺錢的誘因減少，有些司機會退出市場，因而縮減了供給，推升了價格。

然而，實務上並不是必然如此。伊森．波拉克（Ethan Pollack）——經濟學家，參與亞斯本研究機構（Aspen Institute）的「工作之未來」行動——向我解釋：

> 調降車資的確有可能讓司機賺到更多錢，但可能性不大，就算發生大概也只限於某些地區。舉個例子，如果是計程車使用率低的地方，降價的確能載到更多客人，所增加的金額有可能超過所減少的車資。但是如果司機整體的報酬

增加，就會吸引其他人也開始開車賺錢，報酬就會因此略減。

重點是，要達到每趟車資降低而司機整體報酬增加，有其特定的供需條件：供給曲線必須相當平坦（也就是價格變動但供給紋風不動），而需求曲線必須陡升（也就是價格一變動，需求立刻上升）。就算某些地區在某些時刻真的發生這種情況，也不太可能所有區域隨時都會出現[4]。

對司機來說，比降價更糟的是優步常常更改計薪模式，導致他們很難知道明天或下週能賺多少。「想像一下，你有一天去上班，老闆告訴你，你今天的工作跟上個星期一模一樣，但是賺的錢少百分之三十，」一個名叫哈利．坎波（Harry Campbell）的優步司機寫道，他開了一個部落格，還有一個給共乘司機聽的播客（podcast），「這是最近一次降價後司機面臨的真實處境，而且對很多人來說，這不是第一次了。」[5]

有些司機想方設法提出抗議。

亞伯（堪薩斯市那位覺得被優步詐騙的司機）就是其中之一。他把他的Facebook專頁「優步自由」（Uber Freedom）——這個名字是取自優步透過「獨立」和「彈性」

所提供的自由——重新定義為「向優步拿回自由」（Freedom from Uber）。「我已經沒什麼好失去的了，」他被優步「停權」之後說道，向優步喊話，「開戰了！」

亞伯想成立一個工會之類的組織。他最初想成立的是一個當地的優步司機社團，但是幾乎馬上就決定擴大到全國規模。亞伯把車子停在他家附近的加油站，坐在前座拍了一支發表聲明式的影片，標題為「優步司機全國大罷工！」，二〇一五年十月三日上傳到Facebook。他在影片中說：「全國所有司機該站起來了，該要求優步做出真正改變了。我們必須犧牲短暫的一段時間，只要三天，為了全體優步司機更美好的將來！」

為了提高影片的能見度，亞伯在Facebook買廣告，讓影片出現在用戶的動態消息中。他看到瀏覽人數開始攀升，但是覺得不夠，於是他花更多錢買廣告，再花更多錢，等到收手時已經刷了超過四千美元。這支影片有二十五萬人次瀏覽過，他的Facebook專頁有超過兩萬人按「讚」，開始接收他貼的最新訊息。「我把錢砸下去點閱就往上增加、增加，再砸錢下去，再增加、增加，」他後來這樣描述，一副賭鬼的口吻，「我不斷加碼，不斷看到成效，我就繼續把預算提高到兩倍、三倍、四倍。」

優步司機屬於獨立承包人員，無法加入傳統的工會，但是在社群媒體的助力之下，開啟了一場亞伯所謂不一樣的勞工運動。「這將是罷工行動有史以來最大的行銷宣傳之一，」他在另一支前座聲明式影片中告訴Facebook追蹤者，「沒有幾百萬也有幾十萬人會知道這場罷工。」

他對優步提出的要求包括：

一、全國一律調漲六成

優步當時正在降價招攬乘客，造成司機每英里的報酬跟著減少，亞伯的訴求是應該調漲才對。

二、增加小費選項

雖然給小費是出租車和計程車行業的慣例，不過優步不允許。這家公司在網站上解釋：「搭乘優步不需要使用現金，抵達目的地後，車資會自動從你個人資料中的信用卡收取，不需要給小費。」很多乘客以為小費已經含在車資裡，不過優步在二〇一六年澄清並沒有（這項澄清是附在一起訴訟和解中）[6]。亞伯希望優步更進一步在app增加給司機小費的選項，比照已經這麼做的競爭對手來福車。

三、將「取消費」提高到七美元

如果乘客叫了車又取消，而司機已經在路上，乘客通常得付一筆五到十美元的取消費用，這筆費用有一定比例是歸司機所有。都已經花時間開到約定地點了，卻無生意可做，亞伯希望補償能更多一點。

四、將最低基本車資提高到七美元

對於只有幾個街區的短程，優步有最低基本車資的規定，但是扣掉優步的抽佣和服務費後，司機有時只能拿到兩、三美元，亞伯覺得不夠[7]。

至於計畫也很簡單，亞伯幾天後在另一則發文提到：「第一階段是籌備優步史上規模最大的全國司機罷工：完成！第二階段是吸引主流媒體報導，使罷工行動擴散開來：正在進行中。」亞伯還想出正式口號：「優步貪心，司機缺薪！」他解釋：這句話很棒，因為「非常基本，非常朗朗上口，而且還有押韻」。

以一個沒有組織經驗、只有Facebook行銷工具和滿滿樂觀的菜鳥來說，亞伯到十月底所博取的曝光程度已經很叫人意外。亞伯宣布罷工行動之後不久，堪薩斯市一家地方電視臺報導了他的計畫，舊金山灣區、洛杉磯、西雅圖、華盛頓DC也有小群司機加入當地為此行動所設的Facebook社團。

亞伯在全國罷工之前來到舊金山，興奮得飄飄然。「這真的很激勵人心，毫無疑問。」他在一段影片中誇張地說（影片中有一輛舊金山主辦者的黑色汽車，後來那車子就作為罷工海報宣傳之用，暫時塗上白漆），他興奮到吃不下。

那個週五早上十點，他現身優步總部所在的大樓，一小撮司機以他為中心圍成半圓（幾個司機拿著螢光色海報，上面用黑色麥克筆手寫幾句標語），他手拿黑白相間大聲公講話，一夥人其實不知道該做什麼，於是就不斷高呼口號：「優步貪心，司機缺薪！」從幾段抗議影片看來，媒體人數還比參加的司機人數多，「也許是這樣沒錯，」亞伯說，「不過我覺得這樣能產生**更大**影響力。」

Mashable和科技業部落格Recode這兩個全國性新聞媒體報導了這場罷工，舊金山、華盛頓DC、亞特蘭大、鳳凰城、底特律當地的媒體也做了報導。

不過就算有媒體關注，這場罷工仍舊有後勤支援的問題。

工會組織最早是成立於工廠和礦場，還有鐵軌上，工人彼此找得到人，因為都在同一個地方工作，反觀優步的「同僚」並沒有機會交談，網路論壇確實增進了部分交流，但是要聚集到足以產生影響的司機人數（司機們講的語言各有不同，使用優步的方式也各有不同），就必須主動找到同樣的Facebook社團或論壇，有效地協調策劃抗議行動。過去有些城市也有優步司機發動罷工，但是絕大多數司機連罷工行動都沒聽過。九月一次罷工期間，主辦人之一在「紐約市優步司機網絡」Facebook專頁寫道：「很可惜，有些司機今天還是外出工作，不是他們背叛自己和我們，而是因為我們的訊息『還』沒有傳達到他們那裡。」

針對這個問題，亞伯的解決方法是帶著大聲公開車到處繞，另一個抗議夥伴則從後座車窗探頭大喊，用消防演習會用上的語氣和聲音：「不要搭優步，搭來福車或Sidecar，搭計程車，搭公車。」亞伯貼在「優步自由」Facebook社團的另一段影片中，一個司機把車子停在另一輛車子旁邊，搖下車窗。

「你替優步開車？」那個司機用破英文問。

另一個司機回答「是」，他是優步司機。

「你知道這個週末要罷工嗎？我也是開優步。這個週末要罷工，只有來福車，沒有優步。」

另一個司機準備把車子開走，但是拍攝影片的男子不斷對他大吼：「拒絕優步！去你媽的優步！」

那天稍晚的慶功晚餐上，亞伯看到自己登上當地新聞。幾天後，科技部落格Pando刊出一則報導，標題為：「媒介本身就是社會運動：亞伯．胡賽恩是這個時代的勞工領袖」[8]。

從外面看，亞伯的罷工像是發自內心的草根運動，想起身對抗一家大公司，但是我開始定期採訪亞伯之後，很快就發現，賺錢才是他的第一優先，不是為了什麼社會正義。

亞伯是個和善快樂的人，對自己一定會成功深信不疑，有時甚至到了討人喜歡的程度，但是他有一些個人哲學叫人很難喜歡他，譬如認為美國沒有種族歧視、遊民不值得同情、付錢請女人陪伴約會（就是所謂的「包養」）比認真想跟她交往還要尊重人。除了那些，他還缺乏可信度。動不動就興訟（譬如把優步告上全國勞資局）是他最喜歡的方式，用來對抗他不贊同的人，他很喜歡打官司：「因為我一毛錢都不必付。」被他告上法院的，還包括他以前工作過的「Bravo Brio餐飲集團」，控告理由是他被分派候位酒保工作，沒有拿到小費，而這類工作因為預期有小費可拿所以薪資低於基本工資。他告訴我，他提出告訴後就把此事貼到公司社群網路上，故意要讓主管們看到，然後他開始未經許可休假，還大剌剌跑到自家餐廳隔壁的潘娜拉麵包餐廳，目的是想被炒魷魚，他說被開除的話對他的官司有利。

亞伯一方面發起聖戰對抗他認為欺騙他的創業家，一方面顯然又很崇拜他們。他把崔維斯．卡拉尼克「徹底研究了一番」，知道優步這位執行長冒過險，譬如加入過Napster之類的新創，後來被告侵權，遭到求償幾十億美元。「他冒過險，我很尊敬這部分，」亞伯告訴我，「他一直在堅持，沒有退縮，這要很有種才做得到。」此外，就算凱文．楚多騙走他幾千美元，他仍然信守GIN的教導：如何打扮成一個成功人士的樣子、如何運用手勢跟人對談、如何贏取他人的信任。亞伯說：「那些是在教你如何生存，沒有人會教你這些。」

亞伯似乎認為，研究那些人的方法（凱文和崔維斯等人），他就能跟他們一樣在財務上大豐收。他最愛阿諾．史瓦辛格（Arnold Schwarzenegger）一套激勵人的CD——「成功的六大步驟」——他曾經把裡面的標題唸給我聽：「不要違法，但要打破規則。」他看到打破規則的人成功了（有時其實是犧牲他的利益），就以為成功必須打破規則。

他對「吸引力法則」篤信不疑，導致他常常自信滿滿地追求「崇高」理想，包括以前想競選國會議員，未來想成立一家以讓優步倒閉為目的的公司，而發動一場對抗優步的勞工運動只是這種思維下的產物。

說到他的罷工行動，亞伯以一段後續影片作結：「任務圓滿達成。」但其實並沒有，絲毫沒有「圓滿達成」可言。媒體報導或許給優步帶來些許煩擾，就像大象被一隻揮不去的蒼蠅惹惱一樣，但是要說這場罷工衝擊到優步的生意，那就太可笑了。拿著大聲公開車到處通知司機有罷工並不是有效方法，衝擊顯然非常有限。華盛頓DC的NBC地方電視臺就指出：「星期六早上打開優步app，可以看到有一些司機在等候乘客叫車。」[9]

即使是比較傳統的職場（以前最容易把勞工組織起來的職場），現在罷工也不是那麼有效了。一九五〇年代平均每年有三百場以上的罷工，到了二〇〇〇年代，平均每年只剩二十場[10]。少數幾個傢伙拿著大聲公能期待有什麼好結果？

優步專業的公關團隊成功把亞伯的抗議轉化為宣傳，趁此機會大談優步的「彈性」。他們寫了一份了無新意、離題到有點好笑的回應給報導此次罷工的媒體：「我們一向歡迎司機夥伴提出意見，司機們都說很珍惜這種彈性以及可以當老闆的機會，而他們之所以選擇優步，是因為優步可以配合他們的生活，很適合他們。」很巧妙地倒打一把[11]。

亞伯的抵抗很快就瓦解。雖然他又規劃二〇一五年除夕夜發動「全國優步司機罷工第二回合！」，而且從他的Facebook帳號紀錄看來，他另外花了六千五百美元來「宣傳」這支宣告影片，但是抗議行動幾乎激不起任何漣漪。還有，他雖然想成立一個收費的司機社團（會費將用於行銷），他二〇一六年七月給我看那個網站時，會員人數只有十二人。

亞伯還試過另一種報復優步的方式，我起初渾然不知，一直到花了好幾個小時看相關的電子郵件和帳號之後才恍然大悟。他給我看一封十二月三十一日寫給優步人資部門的電子郵件，就是他失敗的除夕罷工前一天，信上第一句是：「我給你們一個機會。只要給我一萬美元，我就撤下Facebook專頁和網站，不再有任何抗議行動，我會從優步世界完全消失，不然把管理權限交給你們也行。這是你們唯一可以阻止這場行動的機會。」優步沒有接受他所提供的機會。

看到這封電子郵件時，我很失望，但是因為花了不少時間跟他聊，所以也不是那麼意外。

在我看來，亞伯似乎對自己的人生感到很無力。一開始他認為優步可以讓他掌控自己的命運、開創自己的事業，或許還能致富，等到事情的發展不如他所願，他就到處想方設法，只要能幫他取得掌控權，他通通用上——抗議、訴訟、工會，甚至（現在我知道了）要求優步私下付錢了事。

司機帶頭抗議優步降價的行動有不少（而且沒有要求優步私下付錢了事），但是看不出有哪一個成功。採訪亞伯的過程中，我也開始採訪另外在舊金山發動司機抗議的馬力歐．李登（Mario Leadum），他有一個好的開始，在舊金山辦了一場規模很大的抗議，但最後還是放棄。

跟亞伯一樣，馬力歐二〇一三年聽一個朋友說可以賺很多錢，因此加入優步。他在家裡先做過計算，每週要是能賺三千美元（朋友說這個金額是可能的），他就能買輛新車，剩下的錢還足夠收支兩平。於是他辭掉會計事務所行銷業務的工作，買了一輛凱迪拉克Escalade休旅車。一開始，他說五天從早開到晚可以賺大約三千美元。

接著優步開始降價，如同優步每次進軍一個城市的慣例，他開始每個星期只賺六百五十到七百美元，開車時數相同，他說：「優步就是貪心。很明顯，優步降價是為了占據大量新聞版面，將市值推升到六十五億美元。」馬力歐和一群司機開始在機場和舊金山燭臺球場附近碰面，討論有何選擇。二〇一六年一月，優步宣布另一輪全國降價後不到一個月[12]，馬力歐和全美各地的司機團體發起抗議。

那場抗議的衝擊大過亞伯的版本。《紐約時報》報導有數百成千司機聚集在紐約市的優步總部[13]；在舊金山，馬力歐和其他司機帶領長長車隊齊按喇叭，一路從燭臺球場到市政府和優步總部。車隊中有一位麥可．古摩拉（Michael Gumora），他經營一個名叫「共乘報導」（Rideshare Report）網站，一路跟著抗議隊伍前進，他告訴《連線》雜誌：「好像車海一樣，大約兩到三個街區都被車子占滿，四線車道都是。」[14]這次抗議激起眾人的熱情，司機們計劃在超級盃比賽期間干擾優步的營運——那年超級盃將在優步的誕生地舊金山舉行。

比賽當天，警方驅散了球場附近一小群聚集的司機，但是優步的服務並沒有中斷[15]，根據馬力歐的說法，因為優步保證司機在超級盃比賽期間的時薪有四十美元。馬力歐打算再試一次：「我們正在計劃另一次真正很大的活動，會是（上次抗議的）七倍大。」

這次的日期訂在二〇一六年二月二十六日，司機不只在城市馬路上到處找人參加，還從跟自己有相同文化和語言的團體下手，這些團體彼此串連，馬力歐說：「我們有衣索比亞人社團、阿拉伯人社團、巴西人社團，什麼族裔都有。」

但是二月二十六日來了又過了，卻沒有任何罷工消息。馬力歐不再回覆我的電話和簡訊，曾經在紐約抗議幫忙找司機參加的阿布杜．迪亞洛（Abdoul Diallo）告訴我，他決定不參加二月二十六日的抗議，他說：「做這個做兩年了，什麼有效、什麼沒效都知道了，老實說，我們在紐約有過很有效的罷工，但是優步有因此改變政策嗎？它有因此改變對我們有害的做法嗎？事實上並沒有。它的確有更改一些事，但是它接下來會另外找五種方法繼續壓榨司機。一方面改掉一項政策，另一方面再用其他五種方法去做那件所謂已經改掉的事。」

○○○○○○

傳統工會如果想將優步司機組織起來，有兩個選擇。一種是主張司機被當成雇員對待，而基於聯邦集體協商法律，雇員可以組織工會。第二種是尋求法律以外的途徑來將承包人員組織起來。

西雅圖當地的卡車駕駛工會遊說立法允許優步司機組織工會，法案通過了（過了沒多久，美國商會控告西雅圖，宣稱那項法律抵觸反托拉斯法）。在德國，有一群勞動者組織列出一份「最佳做法」（best practices）清單，到二〇一七年已經有八家眾包公司承諾遵守，它們共同成立了一個辦公室，讓勞工可以申訴違規情事[16]。

不論方法為何，老牌工會所面臨的問題跟亞伯這種新手的難題一樣，都不知道去哪裡找從事零工經濟的人。紐約市的國際機械師與航太工人協會（International Association of Machinists and Aerospace Workers，以下簡稱IAMAW）解決了這個問題，它和優步達成協議，優步正式同意交出紐約市司機的聯絡資料，IAMAW因而得以成立「獨立駕駛協會」（Independent Drivers' Guild），司機若被優步停權可向這個協會申訴。

但是勞運界對「獨立駕駛協會」的成立反應不一。為了與優步達成合作，IAMAW同意不對優步把司機歸類為承包人員的做法提出質疑；還稱不上工會的「獨立駕駛協會」依舊不能對聘僱合約內容討價還價（這並不令人意外），因為承包人員聯合起來為自己提供的服務設定價格可能被視為一種利益衝突。雖然有些人認為優步同意「獨立駕駛協會」成立已經是往正確方向踏出一步，不過也有人認為那只是一種公關操作，是為了保護優步而不是司機。紐約計程車勞工聯盟（Taxi Workers Alliance）執行長芭魯薇·狄賽（Bhairavi Desai）就稱之為「會記載入史的背叛」，並且立刻和十位優步司機一起提出告訴，指控優步錯把雇員歸類為承包人員[17]。阿布杜．迪亞洛（那位在紐約幫忙找人參加罷工的優步司機）說，「駕駛協會」聽起來好像「山寨版」[18]，他鼓勵司機不如加入「聯合運輸工會」（Amalgamated Transit Union）。

工會想方設法要將優步司機組織起來的同時，優步指出自己正在努力改善。二〇一六年夏天，優步宣傳它跟網路廣播Pandora合作，司機可以免費使用升級版的Pandora，以此作為司機的福利。還有一個改善是，司機如果想午餐休息可以暫停回覆叫車請求，不必拒絕叫車請求（如果拒絕太多次會遭到停權）；另外，司機如果等客人等超過兩分鐘，優步會付錢給司機。當然，這些似乎都是很表面的改善。

當時，優步仍然沒有把小費功能加進app，儘管幾乎每個串連起來的司機組織都要求增加。小費不見得可以讓收取的人過得更好，但那是出租汽車業的行規，對優步來說，在消費者端的app加上小費選項也是輕而易舉的事。優步之所以一直不從，是因為想讓乘客的付款步驟更簡便。優步二〇一六年一則部落格貼文寫道：「乘客向我們反應，他們最喜歡優步的一點是：簡單不麻煩。所以我們才希望保持原狀。」

優步遲遲不願在小費問題退讓，一直到二〇一七年出現公關危機。當時，優步前員工蘇珊．佛樂（Susan Fowler）在部落格發文，詳述優步內部的性騷擾和厭女文化，隨後公司內部展開調查，最後導致二十名員工遭到開除、創辦人崔維斯·卡拉尼克被趕下臺（在股東逼宮之下辭職下臺）。優步急於減輕醜聞的衝擊，因此在一個悶熱潮濕的夏日在紐約市聯合廣場「咚」一聲放了一個巨大冰塊，裡面有「可收藏的冰淇淋甜筒」，可以拿到麥當勞領取冰淇淋（優步過去幾年也會在夏天發送免費冰淇淋，但是這次真的是誇張演出），而在不遠處，優步員工在街頭發送快樂風格的粉色上衣給路人。

這場夏日品牌行銷的同一時間，優步宣布推動「一百八十日革新」，其中包括改善司機的待遇——除了增加小費選項，遠道去載客的司機還可獲得額外補貼（以前是沒有這筆錢的），還有，如果是四十五分鐘以上的車程，會在司機按下同意接客鍵之前先發出通知提醒（也就是說，司機可以避免陷入跑到荒郊野外，回程又無人可載只能自己負擔油錢的窘境）。

這些改善仍遠遠不及部分司機的要求，但是散落四處且各自獨立的本質，造成司機很難組織起來，更何況，除了因為公關危機而急於改善形象之外，並沒有什麼商業理由可以逼使優步給司機更多掌控權或答應司機的要求，畢竟，優步的服務只是把乘客從A地載到B地，司機對優步稱心滿意也不見得就一定會提供好到很有意義的服務，而乘客也不見得願意多付點錢。只要司機數量可以滿足需求（這在經濟不景氣的時候很容易），優步並沒有財務誘因必須把司機待遇列為優先。

一位高階經理人（優步曾經試圖網羅他但沒有成功）二〇一六年告訴《衛報》，他到優步進行面試時，曾問到公司會如何處理司機的不滿，優步的產品長（chief product officer）回答：「這個嘛，反正我們以後會用機器人把他們都換掉。」（優步發言人告訴《衛報》，該公司產品長不記得有說過這句話。）[19]

○○○○○○

在申請大學的文件上，克莉絲蒂是這麼形容她的MTurk工作：「承攬眾包案件的微承包人員」（crowdsourcing micro-contractor），工作內容包括跟數家《財星》雜誌五百大企業合作。她想念心理學。

克莉絲蒂已經從MTurk看出，很多工作就快要自動化。她自己就是幫忙訓練機器的人之一（訓練機器辨識圖片、診斷疾病），她很清楚那些演算法總有一天不再需要訓練，目前做那些工作的人將會被取代。不過，就她所理解，人們還是會需要心理治療師，人跟人之間真正的互動永遠有其需求。

丈夫重回工作崗位了，所以克莉絲蒂從MTurk賺到的錢可以存下來，供她付一年一萬美元的學費。她希望大學學位可以幫助她找到一份可存退休金的工作。

克莉絲蒂二〇一二年開始在瑞爾森大學（Ryerson University）就讀，同班同學大多二十出頭，有時她會擔心自己是班上的怪老人，就是那種坐在第一排老是舉手發言的怪人。有時她會加入同學的Facebook社團，用的是她為了參加比賽而設的匿名帳號，要她面對面跟同學做朋友比較困難。

雖然上大學後就不再全職做MTurk的工作，但是克莉絲蒂仍然繼續擔任「土耳其人之國」的版主，因而得以跟論壇裡的朋友繼續聯絡，也因此開啟了她的社會運動之路。

在這個論壇，她結識了許多對MTurk有興趣的學術研究人員，其中有些是研究眾包工作如何應用於未來規模更大、更複雜的工作，譬如史丹佛大學的麥克·伯恩斯坦（Michael Berstein）；另外有些人則是研究眾包工作的出現對勞工有什麼意義，譬如希克斯·希伯曼（Six Silberman）和莉莉·伊拉尼（Lilly Irani），他們設計了一個工具，讓MTurk工作者用來評比、審核案主。克莉絲蒂答應趁這些研究人員到多倫多開會的時候當面聊一聊。

他們到克莉絲蒂最喜歡的印度餐廳碰面、吃晚餐。眾人討論MTurk沒多久，奧斯卡・史密斯（Oscar Smith）這個名字就冒了出來。「史密斯」（很可能是化名）利用MTurk謄寫好幾萬張的名片，根據克莉絲蒂的說法，史密斯給的薪酬之低早已惡名昭彰——一張名片只給〇・〇一美元——而且MTurk工作者懷疑他當時替一家專業的社交網站工作，那個網站有個服務，消費者只要拍下名片就能自動加進聯絡人資料裡。本來只是隨意聊聊的聚會，馬上就變成討論MTurk工作者可以做些什麼來說服史密斯加薪。

在場每個人都很清楚，要把MTurk工作者串連起來要求加薪並不容易，有些工作者不敢挑戰亞馬遜的政策，害怕亞馬遜動輒就把整個網站關掉。亞馬遜年度財報登錄的淨銷售額有一千三百六十億美元之多，卻連提都沒提到這個眾包平台。這家公司的新事業——雜貨快遞、居家清潔、像Pinterest之類的購物平台——不管是成立或結束都是出了名的快，可以想像，關掉MTurk也不會有什麼疑慮。任何集體行動都必須小心管理，更何況MTurk工作者散居世界各地、操不同的語言、對於賺多少錢才夠生活也有不同的想法，所以難度更高。傳統工會也不可行。

但是，也許有其他可行的集體行動方式。要是把爛雇主的工作綁架呢，也算「罷工」的一種？他們可以把爛雇主的案件接下，但是沒有真的做，等到完成期限到了，這件案子就會重新在平台釋出，再由另一位反抗軍同志接下，繼續握在手上不做。由於案件並沒有實際完成，奧斯卡．史密斯也就沒機會退回，因此不會影響他們日後接其他案件的資格。

又或者，把奧斯卡．史密斯的案件全部接下來，但是故意做錯。電話號碼少打一碼，地址打錯郵遞區號，奧斯卡．史密斯不可能馬上發現，所以不會給他們打爛分數，但是他的客戶會。

雖然起初只是聊一些假設性的做法，但是克莉絲蒂和研究人員都開始看到這些點子背後的潛力。暗中突襲奧斯卡．史密斯或許太極端，不過集體行動是很合理的策略。

克莉絲蒂答應跟這群她口中的「學者」保持聯絡。她在MTurk詢問其他工作者對這些點子有何意見（不是所有人都很樂見，因為擔心亞馬遜報復），最後協助研究人員成立了一個名為Dynamo的網站，由莉莉．伊拉尼、麥克．伯恩斯坦以及尼盧法．薩雷希（Niloufar Salehi，史丹佛研究生）帶領這個研究計畫，另外還有兩個史丹佛學生和克莉絲蒂——最後完成的論文上，克莉絲蒂也掛名作者。

Dynamo的目的是協助MTurk工作者規劃改革運動。整個運作過程是這樣：

Dynamo幾位研究人員在MTurk貼出工作，只要完成的工作超過一百件就有資格承接，在工作內容說明中，研究人員說明會付薪資給工作者放五分鐘的假，在這五分鐘內，工作者可以選擇什麼都不做（薪資照領），也可以選擇到Dynamo網站用手上所拿到的代碼註冊登錄。這麼做既可達到招募目的，又可進行篩選（只有常常在MTurk上工作的人可拿到代碼），還不違背工作者想保持匿名的願望（工作者會有這種想法是很合理的，因為亞馬遜如果因為他們加入Dynamo而把他們踢出MTurk，工會法律是不會保護他們的）。

在Dynamo內部，任何人都可以發起「行動」，成員可以投贊成票或反對票，只要集滿二十五張贊成票，點子就會進入「規劃區」，裡面有工具可以草擬行動步驟並且追蹤進度。這個網站在二〇一四年正式推出。

大約同一時間，克莉絲蒂受邀進行生平第一場大型公開演講。起因是，她讀了微軟一位研究人員的眾包平台研究，於是寫電子郵件給對方（克莉絲蒂只要讀到看似很有意思的人所寫的文章，就會寫電子郵件給對方），那位研究人員把她介紹給匹茲堡（Pittsburgh）一場會議的主辦人。生平頭一遭受邀演講，她根本不知道該講什麼，於是她把演講設定為訪談形式，由麥克·伯恩斯坦向她提問有關MTurk的問題。

那是她第一次到匹茲堡，她也不知道自己對著一大群人演講會有什麼反應，尤其其中很多人都有博士學位。然而，開始在臺上講述自己在MTurk工作的經驗之後，她就知道自己講得很開心。

「天啊，」她當時腦袋裡的念頭是，「我竟然很擅長做這件事，我一點都不怯場。」

○○○○○○

成立半年後，Dynamo的註冊用戶已經有四百七十人，所提出的二十二個點子當中，有兩個已經進入執行階段[20]。Dynamo第一個行動是制訂一套倫理守則，用來約束學術研究人員的差勁行為——他們把Dynamo當成招募人參與研究的便宜管道（到二〇一五年為止，Google學術搜尋引擎已經有超過一千一百二十項學術研究把MTurk工作者納入研究對象）[21]。MTurk已經是人氣愈來愈高的研究工具，可是，研究倫理委員會卻不見得會比照當面做研究的標準。

其中有個例子尤其令克莉絲蒂惱怒。華盛頓大學（University of Washington）有個研究生設計了一份研究，他招募MTurk工作者給照片做標記，但是並沒有透露工作者也是研究的一部分。不疑有他的MTurk工作者起初處理的是可愛的動物照片，很像我那次花了好幾個小時在MTurk做標記的工作。接著，偶爾出現愈來愈恐怖的照片。有個工作者在Turkopticon（這是給MTurk工作者評論案件的工具）寫道：那些照片「有百分之九十是很可愛的小貓咪、燦爛的太陽光線、杯子蛋糕和巧克力布朗尼」，另外百分之十「完全相反，是街上被肢解的孩童、火災罹難者、斷肢、腐爛屍體等等」。那位研究生和他的華盛頓大學同儕將這份研究寫成一篇論文，並且在草稿中解釋：他們是在測試「勞動力供給會不會因為工作『舒服』或『不舒服』而有所不同」。他們那些圖片是來自Google圖片搜尋，搜尋主題是「截肢、屍體解剖、斷肢、長疽、幼蟲等等」[22]。

有些MTurk工作者表示不介意被當成白老鼠，只要有付錢就好，但是也有其他工作者認為，如果研究倫理委員充分知情，這類研究是不可能存在的（研究倫理委員類似人體試驗委員會，負責核准令人不快的圖片實驗）。倫理守則行動進行半年後，總共有一百七十一個工作者、四十五個案主簽署這份用字遣詞很學術的正式守則[23]。

由於Dynamo採化名機制，用戶名稱是自動產生（用「形容詞＋動物」的方式自動產生），所以簽署名單一開頭長這樣：

美麗的帝王斑蝶（二〇一四年八月十四日）
勇敢的蟑螂（二〇一四年八月十四日）
花俏的鱈魚（二〇一四年八月十五日）
忠實的蒼蠅（二〇一四年八月十五日）
邪惡的天堂鳥（二〇一四年八月十五日）
得意的海膽（二〇一四年八月十五日）
孤單的袋熊（二〇一四年八月十五日）
開心的刺蝟（二〇一四年八月十五日）
快活的水獺（二〇一四年八月十六日）
可怕的貓（二〇一四年八月十六日）

這些並不是最具權威的名字，但是這份名單別具意義。

Dynamo的第二項行動是克莉絲蒂所推動。她最在意的是，雇方有時不把MTurk工作者當人，原因之一是亞馬遜的描述方式看不出MTurk工作者是活生生的人，沒有承認他們這些個體的存在。亞馬遜給MTurk創造的口號是「人工的人工智慧」(artificial artificial intelligence)，MTurk的網站首頁用簡單的流程圖向工作者解釋零工的運作方式：找到一份有趣的案件→工作→賺到錢。「工作」的部分是以轉動的輪子圖片來代表，而不是人。MTurk和其他零工經濟平台不同，雇方看不到工作者的名字。「如果你有個不是人的東西，譬如冰箱，你就不會同理它，」克莉絲蒂說，「你碰的一聲關上冰箱門不會覺得有什麼不妥，你把發霉的東西留在冰箱裡也不會覺得不妥，這不重要，你不會在乎冰箱。」

她的解決方法很簡單：請MTurk工作者寫信給亞馬遜執行長傑夫・貝佐斯（Jeff Bezos）。克莉絲蒂的行動備忘錄「我們的心聲」列出以下幾個重點：

一、MTurk工作者是活生生的人，不是演算法，行銷說詞應該以此來處理。
二、MTurk工作者不是廉價勞工，而是有技能、彈性的勞工，需要獲得尊重。
三、MTurk工作者需要有個可以代表自己的方式，透過亞馬遜向案主（僱用MTurk工作者的人）以及全世界表達自己。

克莉絲蒂自己寫的信真誠有禮，訴諸「善待勞方有利於雇方」的論點，跟Q總管的丹恩和薩曼如出一轍。

親愛的貝佐斯先生：

我是MTurk工作者，中年、創業者、大學生、母親、太太，仰賴MTurk的收入付房貸，才能免於住家被斷頭查封的命運。我不接時薪一．四五美元的工作，也不是住在開發中國家，我是個有技能、聰明的工作者，把MTurk當成主要收入來源，這也是我目前選擇的職業。我是個活生生的人，不是演算法，然而案主卻似乎覺得我只是任由他們使喚的工具，他們非但不提供合理工資，對我和其他工作者毫無尊重可言，甚至還說我們做這些「簡單」工作能賺到接近基本工資就要心存感謝了。找到、置入小程式來讓工作更有效率並不簡單，面對不公平的退件並不簡單，做個MTurk工作者並不簡單。

懇切請求你不要把我們當成廉價勞工來推銷，而是當成高技能勞工，是可以提供有效方法完成工作的勞工。給我們不公道的薪資並不是省錢之道，善用二十四小時隨時可得的龐大勞動力才是降低成本之道。請勿再把我們當成只是演算法來推銷，請告訴你的客戶們，我們是活生生、會呼吸的人，我們不是拿這筆工資去買啤酒，而是拿來讓我們的家庭吃飽、有衣服穿、有遮風避雨的地方。如果你可以促進我們和案主的溝通，請透過論壇或直接呈現我們的意見給他們，我想他們對我們的看法會好轉的。不要忘了，他們給我們的薪資愈高，你們收取的費用也會愈高；他們對待我們愈好，他們得到的工作成果也會愈好，成為你們忠實客戶的機率就愈高；MTurk的名聲愈好，使用MTurk的新案主就會愈多。MTurk工作者如果開心，案主就會開心，亞馬遜也會開心。

謝謝你撥冗閱讀。

克莉絲蒂・米蘭

亞馬遜並沒有公開承認有一人一信行動，它沒有改變MTurk的品牌定位，沒有制訂最低基本工資，也沒有擬定新的工作者評比制度，甚至沒有建立一個方便工作者與亞馬遜溝通的制度。

不過，《衛報》、《大西洋》雜誌（*The Atlantic*）、《快企業》雜誌、《連線》雜誌都報導了這項行動。《衛報》寫道：「針對這項行動的目標（希望最後能有數百成千封信寄到傑夫・貝佐斯的信箱），MTurk工作者自己也看法分歧。有些人只想讚美

MTurk的彈性和工作輕薄短小；有些人要求要有更現代化的網站，讓他們可以向雇方行銷自己，同時也能品評案主是否值得為其工作的對象。」[24]

至少亞馬遜回應了其中一封。印度一位MTurk工作者寫信說他的紙本支票常常寄丟[25]，沒多久，亞馬遜就讓銀行可直接轉帳到印度。我二〇一五年初跟克莉絲蒂談起的時候，她很正面看待這個小小勝利背後的意涵以及媒體的關注。

她說：「我覺得工作者現在已經知道自己是有能力促成改變的，而且我們已經成功傳達『我們是活生生的人』，所以接下來的問題是：我們還能做些什麼來提高能見度？工作者想要什麼？該如何動員工作者來發起新的行動？」她想維持這股動能，她說：「我們已經打下基礎，證明我們絕對能夠一起成就一些事，那接下來呢？」

經過四年拿到心理學學位之後，克莉絲蒂決定念勞工研究的碩士學位。她已經開始以社運人士自居，到世界各地演講，到卡內基美隆大學（Carnegie Mellon）、到「歐洲進步派研究基金會」（Foundation for European Progressive Studies）、到歐洲議會的「社會主義者和民主人士進步聯盟」（Group of the Progressive Alliance of Socialists & Democrats）。柏林、布魯塞爾、羅馬都有她演講的足跡。

在布魯塞爾演講時，克莉絲蒂得知瑞典白領工會Unionen開始將自由工作者納入，這給了她信心，相信工會是組織非傳統勞工的模式。不過，她對Dynamo的信心卻沒有持續下去。

二〇一六年，克莉絲蒂發起一人一信行動將近兩年後，我再次跟她聯繫。Dynamo雖然成立半年就增加了四百七十個使用者，但是接下來一年半卻只增加七十五個，最近一個行動點子是網站發起人之一在七個月前所張貼。Dynamo的發起人已經轉向其他研究，沒人有時間經營這個網站。最近一個集滿二十五個贊成票的計畫是打算設計一個徽章，供學術研究案件使用，貼上徽章就代表會遵守Dynamo的倫理守則。但是克莉絲蒂說，沒有人自願動手設計。

另一方面，亞馬遜干擾Dynamo的註冊流程，有效打擊了Dynamo。二〇一五年冬天，Dynamo貼在MTurk上用來分發註冊代碼的案件，被亞馬遜撤掉，亞馬遜的說法是：那些案件「要求必須到另一個網站或社群註冊」，違反了服務條款。沒有任何聯邦法律可以保護零工經濟的集體組織行動。不論Dynamo的衰亡是因為亞馬遜的干擾，還是欠缺人力所致，克莉絲蒂都已經失去信心，不再相信虛擬組織是促成改變的有效手段。這時的Dynamo已經像一座鬼城，不再是勞工組織運動的未來[26]。

11 CHAPTER 政治圈的優步

政治人物注意到零工經濟以及對工作未來樣貌的影響，是在二〇一五年。那年九月，在紐約市一家用保麗龍杯喝咖啡的不起眼小店，我認識了維吉尼亞州資深參議員馬克．華納（Mark Warner）。華納個子高高的，穿著中規中矩的黑色西裝，緊挨著冰箱坐著，只要有人要買柳橙汁他就得移動他的不鏽鋼座椅。

這位參議員比國會任何一人都更容易了解零工經濟所造成的變化。他從政之前是創投業者，靠著投資早期無線電話生意而致富。身為民主黨員，他跟自己的政黨一樣關心勞工朋友的權利和薪資，同時也是排名第三有錢的國會議員，他把自己定位為重商也重勞工。他之所以找上我，是因為我寫了一篇文章探討零工經濟的真實情況並不如宣傳那般美好。

過去幾個月，華納參議員和同仁已經見過各種零工經濟公司的高層，包括來福車、Postmates、Handy，他在維吉尼亞還主持了一場圓桌會議，跟零工經濟勞工對談，他告訴我：「我研究八、九個月了，現在更確定這是一個會徹底改變經濟的轉變，而且會加速發展。」

在二〇一五年，只有百分之〇．五的美國勞工參與矽谷這場勞工革命[1]（英國的比例比較高：「人力發展協會」預估，到二〇一七年會有百分之四的英國勞工參與零工經濟[2]），華納知道，新創圈認為零工經濟目前只占整個經濟的零頭，小到他們不懂記者為什麼這麼擔心造成衝擊（現在政治人物也開始擔心了）。不過華納對他們的說法並不是很贊同，他認為：「你不能兩個都要，你不能說『我大肆鼓吹會翻轉整個世界，所以你們要給我這麼高的公司市值』，另一方面又說『為什麼你們這些制訂政策的人要來關心』。當Airbnb的房間數量已經比萬豪酒店（Marriott）多，當優步已經有二十五萬個司機而且劇烈顛覆了市場，當然會引起注意。」

零工經濟不成比例的影響和成長曲線，是馬克．華納不得不關心這個新創界小小圈子的原因；另一個原因是，零工經濟最適合拿來探討一個從矽谷蔓延開來的問題。零工經濟其實就是一種逐漸擴大到全美和世界的新現狀：風險從企業轉嫁到勞工身上。

對眼睜睜看著就業機會過去幾十年日益四分五裂為承包人員、自由工作者、派遣工等非傳統就業的人來說，風險確實逐漸轉嫁到勞工身上；然而對全職雇員來說也是如此，他們雖然有勞工保護法律的庇蔭，但是仍舊看到保護網的破洞愈來愈大。政治學家傑可布．哈克（Jacob Hacker）二〇〇六年寫了一本書，他在書中所提到的「風險大轉移」（The Great Risk Shift，同時也是書名），隨處可見。

- 退休金計畫（**Pension plan**）幾乎已經名存實亡。一九八三到二〇一三年，有退休金福利的美國人從百分之六十二下滑到百分之十七[3]，雇主改提供**401(k)**退休儲蓄[4]，因為雇主通常只需要存入百分之三的提撥金（跟雇員自己提撥存入的金額相同），比退休金動輒需要提撥百分之七到八便宜很多[5]。如果勞動市場沒有履行退休福利制度，承受打擊的是勞方，不是資方。即使是**401(k)**，也大多是有錢人才拿得到的福利：勞工統計局統計的最高薪級距中，有八成九的民營產業勞工有**401(k)**福利，而薪資最低級距的勞工只有三成二有。美國竟然有高達三成的平民百姓沒**有退休金也沒有401(k)**[6]。

- 失業保險也跟退休福利一樣變少。在二〇一四年十二月，失業的美國人只有百分之二十三．一向州政府領到失業救濟金，創下歷史新低紀錄，上一次的歷史低點是一九八四年九月的百分之二十五[7]。聯邦緊急失業救濟金（成立目的是，在州政府失業救濟金到期後，以這筆款項繼續支應）在二〇一三年底終止。

- 再來就是健康保險，這通常是個比較立即的問題。美國的零工經濟勞工在法律上完全無權享有健康保險，除非資格符合政府為特別年幼、年老或貧窮的人所設計的幾個健保方案。以 MTurk 這類網站作為收入主要來源的美國勞工當中，有將近百分之四十沒有健康保險[8]，就算雇主有提供健保，勞方負擔的費用也愈來愈高。二〇〇五到二〇一五年，勞工自費加保的自付額平均增加百分之八十三[9]，平均給付金額幾乎多了一倍，超過勞工收入和整體通貨膨脹的漲幅[10]；而薪資最低的那四分之一勞工當中，只有兩成四透過公司加保[11]。歐巴馬總統的平價健保法案建立了一個可以購買健保的市場，目的是方便自雇者加保，推出第一年，未加保的美國人就減少了百分之二十五，但是這個計畫有很大的缺陷，其中一個是政治人物信誓旦旦要直接廢除掉，而不是尋求更加完善之道[12]。

以上這些趨勢——退休儲蓄方案愈來愈差、失業勞工獲得的援助愈來愈薄弱、健保福利愈來愈少——幾十年來已經惡化成一種前所未有的不安全感，人人有份，不是只有從事零工經濟的人會遇到。

美國家庭收入在一九七〇年代初到二〇〇〇年代底明顯變得比較不穩定[13]，而二〇一四年聯準會（Federal Reserve）一項研究顯示，有三分之一的家庭收入波動幅度大，工時不定是主因[14]。《洛杉磯時報》（*Los Angeles Times*）二〇〇四年刊登了五千個家庭長達四十年的調查結果，結論是「有愈來愈多家庭不知不覺搭上財務雲霄飛車，年收入愈來愈大起大落」[15]。《洛杉磯時報》把這種新的經濟現象比做股市，對勞工來說，大筆支出和大挫折都變得不可預測。

這種雲霄飛車很少有人喜歡。

勞工領袖大衛．洛爾夫（David Rolf）和創投業者尼克．哈諾爾（Nick Hanauer）在《民主》（*Democracy*）期刊解釋了個中原因：

> 收入穩定可以讓我們免於恐懼，不必擔心一次失業、一次生病——經濟

衰退是景氣循環的必然——就賠上房子、汽車、家庭、社會地位。收入穩定可以讓我們投資自己和子女，購買非生存必需品，購買可以讓生活更健康、更快樂、更圓滿的體驗。收入穩定可以增強我們的信心，相信一個更富足、經濟穩定的未來並非不切實際的期待，並且承受得起冒險創業（這是蓬勃的市場經濟賴以為繼的命脈）。一個堅實的中產階級是經濟成長的原因，不是結果，少了穩固的中產階級，我們的經濟不可能把潛力完全發揮出來，而隨時擔心沉淪的中產階級，也不是真正的中產階級[16]。

「如果產業界領袖都這麼一口咬定『確定』是產業發展所必需，」洛爾夫和哈諾爾做出結論，他們指的是產業界面對商業規範更改以及勞工福利增加時常搬出的論點，「那他們的消費族群，也就是美國中產階級，想必也需要那種確定，因為要是無法確定自己仍然會是中產階級一員，美國中產階級根本就不會履行他們在經濟上所扮演的關鍵角色。」

整體經濟趨勢往脫離全職聘僱的方向走，零工經濟是其中一個極端例子，同樣地，零工經濟也是一種日益強烈不安全感的極端例子（這種不安全感就連全職受聘的中產階級也感受得到）。

報導零工經濟這幾年當中，我不時看到這種不安全感。我採訪克莉絲汀．羅根（Kristen Logan）的時候看到這種不安。她住在加州美賽德（Merced），在平等學校的協助之下找到一份零工，替紐約一家美容學校做客服；她很喜歡這份零工，但是她說「很擔心，因為他們隨時可能把學校關掉，到時我又得歸零從頭開始」。我跟莎拉（Sarah）談話時也看到了。她是波士頓一個優步司機，租了一輛車做這份零工，沒多久就發生車禍車子受損，保險費、修車費，再加上沒辦法開車（這是她原本計劃的賺錢方法），她不知道能不能捱過這場財務難關。我也在亞伯的發財夢想中看到。他為什麼人生只想著發大財？我這麼問他時，他似乎對我的好奇心感到不解。

「你是有錢人嗎？」他認真反問我。

我怎麼看都不是窮人，但也只是一介記者，我回答：「不是。」

「有三種現實，」他告訴我，用非常篤定的口吻，感覺似乎要搬出他在GIN學到的那一套，也確實是，「窮人的現實，中產階級的現實，有錢人的現實。如果你是有錢人，別人沒辦法做的事你都能做，那才是真正的自由。你和我如果哪一天失業了，撐不了幾個月，大多數人連幾天都撐不下去。」

很少人會像他說得這麼直白，不過數據確實站在他那一邊。根據聯準會二〇一五年五月公布的報告，百分之四十七美國人的存款或信用卡連四百美元的意外支出都付不出來[17]，這些人如果像自由落體垂直落下，下方並沒有墊子可以緩衝。

回到紐約的小店，華納參議員說他想達成一些折衷方案，因為他認知到任何政策都必須有所取捨。「你不想太早就用由上而下的政策把創新壓死，」他說，然後說出他日後用於遊說的說詞，「另一方面，你又不想讓民眾在沒有保護措施之下走鋼索。」零工經濟公司告訴他，根據它們的調查，勞工真正想要的是更多現金，而不是福利[18]。華納說：「這我了解，不過，殘疾這種事不會有人預先想得到，除非自己的手受傷了，然後又剛好是以手作飾品維生。」

在Postmates、DoorDash、來福車等零工經濟公司的支持下，華納最後提出一項法案，如果順利通過成為法律，將會投入兩千億美元贊助實驗，研究有哪些福利最適合非傳統勞工。他宣布這項法案時接受我的採訪表示：「原本的社會契約概念是，你在一家公司工作三十年，然後因此取得所有福利，但現在不是這樣了，我們可以選擇唉聲嘆氣，感嘆那個時代永遠不復返，但也可以捲起袖子說：我們來打造一個適合現在這個世界的制度。」[19]

○○○○○○

討論以app為核心的零工經濟（一個衝擊到極小勞動力比例的矽谷發明），也等於是討論不穩定、不安全、健保、退休儲蓄等重大議題，差別只是，討論零工經濟比較能引起注意。

優步（能見度最高的零工經濟公司）是這個年代最叫人興奮的商業故事之一。原本只是兩個朋友（在「巴黎下著雪的夜晚」，一字不差，這是根據優步官方的說法）招不到計程車的突發奇想，短短不到幾年竟然發展成為跨國企業，了不起的成就。另一方面，優步共同創辦人同時也是長期的執行長，崔維斯．卡拉尼克，也有自己一套有趣的故事版本。常被形容為好鬥公子哥兒的他，似乎不顧一切也要毫不留情剷除任何擋在成功路上的障礙，不管是來福車之類的競爭對手（據說他曾經以數千通假叫車電話惡意破壞來福車）、當地法規（按照《華盛頓郵報》的標題，他「掃平」紐約），還是全球競爭（這個部分就沒那麼順利了，因為優步最後把中國的生意出讓給競爭對手）。優步的故事實在太有娛樂性，環球影業（Universal）和二十世紀福斯（20th Century Fox）不約而同在同一個星期宣布要開拍以優步為主題的電影（到寫作本書為止，環球和二十世紀福斯沒有計劃開拍退休保障主題的電影）。

標題寫優步比寫政府重大決策更吸睛，深諳此道的政治人物不只馬克・華納一個。眼見零工經濟愈來愈熱門，民主黨和共和黨紛紛開始用零工經濟來包裝沒那麼有趣的大議題。

希拉蕊・柯林頓（Hillary Clinton）二〇一六年競選總統發表首場經濟政策演說時，她先談到美國人現在「出租空房間、設計網站、販賣自己在家設計的商品、開自己的車來賺外快」，然後再加進民主黨對勞工分類議題的立場，說她會「強力取締把雇員歸類為承包人員或甚至竊取薪資的慣老闆」[20]。

共和黨總統參選人傑布・布希（Jeb Bush）則是很想證明自己對商業和創新的支持，直接在Twitter貼出一張他坐優步的照片。

民主黨參議員伊麗莎白・華倫（Elizabeth Warren）長期主張強化政府所提供的社會安全網，她把這個主張跟零工經濟做連結之後，終於贏得媒體版面。她在華盛頓新美國基金會（New America Foundation）年會上的演說提到：「零工工作廣受讚揚的優點——彈性、獨立、創意——在某些環境下對某些勞工或許真的是優點，但是對其他更多勞工來說，在這個所有福利都流向前百分之十勞工的世界，零工經濟只是他們追求經濟穩定失敗後的下一步。」[21]

她的演說不完全是針對零工經濟，她說：「零工工作者面臨的問題，跟其他數百萬勞工面臨的問題相去不遠」，但是媒體標題完全只針對零工經濟：「伊麗莎白·華倫槓上優步、來福車和『零工經濟』」[22]、「伊麗莎白·華倫呼籲增加對優步、來福車、『零工經濟』的規範」[23]、「伊麗莎白·華倫猛批優步和來福車」[24]。華倫在演說中也承認談論跑腿兔、優步、來福車「很潮」，看來她是對的。

有時候，政治人物和勞工領袖不需要引用零工經濟來闡述主張也會有媒體自動幫忙。勞工部的工資及工時處，二〇一五年七月公布新的勞工分類指南（後來被川普政府廢除），裡面並沒有提到優步，但是所有主流媒體的報導都提到優步[25]，反而不提歐巴馬二〇〇七年還是參議員時就提議立法填補漏洞，避免雇主鑽漏洞，將雇員歸類為承包人員；也不提當時工資及工時處的主事官員是大衛·維爾（David Weil），他職業生涯後半都在研究矽谷以外地區僱傭關係的崩毀問題。反正一切都跟優步有關就是了。

經濟政策研究院（Economic Policy Institute，以下簡稱EPI）早在一九九一年就做過簡報，認為暫時性勞動力相關政策有修改的必要，如今它把這些主題放在零工經濟的脈絡下來闡述[26]。「整個大方向的情況是，勞工從經濟所分配到的利益愈來愈少，零工經濟只是這個趨勢的一部分。」EPI院長勞倫斯．米榭爾（Lawrence Mishel）告訴我。我第一次打電話給他就是談論優步，會不會讓他覺得很心灰意冷？大概會吧。米榭爾也是《大西洋》一篇火大特稿的作者，他在文章中表示：「老是談（零工經濟）那些公司，會轉移掉焦點，工作的核心特點才應該是公共討論的焦點。」[27]不過反過來說，也可以把這種「言必稱優步商業模式」當成是一種工具，用來凸顯工作的核心特點。

到二〇一五年十月，零工經濟的討論已經累積足夠的動能，歐巴馬總統甚至把零工經濟搬到白宮一場高峰會上，工會領袖、經濟學家、雇員齊聚一堂討論。在問答時間，總統坐在木頭三腳凳上，談起零工經濟更大的意義：「隨需經濟或分享經濟現在仍然只是整體經濟一個很小的部分，但是隨需經濟裡面的人，正是這個正在全面發生的大轉變的小縮影。我們必須讓各種產業的勞工都了解，他們是命運共同體，他們不能想說『還好我有加入工廠的工會，有傳統的退休金可領，所以不必擔心遇上那些勞工的遭遇』，因為他們正在面對的問題，你最後可能也會面對。」[28]

跟科技產業引發的所有改變一樣，「工作的未來」座談一個個冒出來（常常出席座談的丹恩．泰倫（Q總管創辦人）開玩笑說：「我想召開一個會議討論『工作的現況』」）。座談會主持人想知道的是：全職工作愈來愈不算常態的情況下，政策應該如何改變？在一個不認為員工是雇員的公司裡，員工的聲音該如何被聽到？評斷一份工作好不好的標準，是否可以直接拿來評斷零工？

零工經濟重新活化了「保障」這個已持續幾十年的討論。針對這個新世界可能的集體行動以及福利應該如何安排，勞工領袖（不分傳統或非傳統的勞工運動團體）貢獻了幾個新點子；政治人物則是針對直接僱傭關係的式微會如何影響政策提出謹慎意見。

那些討論激發出一些小小的行動，跟無止盡的研討會相比很不顯眼，但確實存在：自由工作者工會從二〇一一年開始積極運作，要求聯邦政府重啟暫時性勞動力的調查研究（這項研究在二〇〇五年預算刪減後遭到取消），歐巴馬的勞工部部長湯馬斯．裴瑞斯（Thomas Perez）最後終於答應，他指出「隨需經濟引發許多重要問題，例如：在這個不斷變動的勞動市場，如何繼續維持長久以來的勞動標準、如何提升美國勞工的經濟保障」[29]（勞工部在二〇一七年五月進行了暫時性勞動力的調查）。

另一方面，一群看似不可能合作的人集結起來鼓吹同一種福利（華納後來會將這種福利納入他的法案中）。這群人包括企業高層（來福車、Etsy、Instacart、Handy等等）、學者、創投業者、服務業雇員國際工會（Service Employees International Union，簡稱SEIU）分會領袖、全國家事勞工聯盟（National Domestic Workers Alliance）和自由工作者工會等非傳統勞工組織的代表，他們在二〇一五年十一月寫了一封公開信，支持「可攜式福利」（portable benefits）。

可攜式福利是指社會保險不綁定單一雇主，而是可在勞工換工作時跟著移動。美國的社會安全福利金（Social Security）就是可攜式福利，同一個勞工的基金會有多個雇主存入，勞工換工作的時候也不會失去這個福利。那封公開信提議，健保、給薪病假、其他社會保險也可以比照辦理。信裡雖然沒有著墨細節，不過這個由各方組成的聯盟讓「可攜式福利」這個詞彙突然躍上《華爾街日報》（*Wall Street Journal*）、《紐約時報》、《華盛頓郵報》。

白宮那場高峰會結束後，過了幾個月，歐巴馬的勞工部「雇員福利保障署」（Employee Benefits Security Administration）副署長菲麗絲．伯爾奇（Phyllis C. Borzi）在亞斯本研究機構發表演說，對可攜式福利的改變做出評論：「退休福利和保障近來成為討論焦點，主要原因是隨需經濟成為焦點。這是好事，大家開始關注這件事，因為現在有了新的特性和動力來審視這個議題，我們或許真的可以實際完成一些事。」30

○○○○○○

要減輕零工經濟固有的「沒保障」，調整福利是方法之一，另一個方法是調整聘僱分類。

二〇一五年十二月為中間偏左智庫「布魯金斯研究院」（Brookings Institute）所寫的政策白皮書中，前勞工部副部長賽斯．哈里斯（Seth Harris）和普林斯頓大學經濟學家艾倫．克魯格（Alan Krueger）提出一個新的聘僱分類：獨立工作者（independent worker）。他們認為，零工經濟的勞雇關係不像傳統的承包關係，不論優步和Handy制訂的薪資和條件如何，司機和清潔人員只能接受，不過可以選擇何時工作，也可以同時替多家公司工作。「勞工跟中間人（優步、Handy等等）之間的關係並不是那麼依賴、深入、廣泛、長期」，哈里斯和克魯格寫道，「所以不該要求這些中間人承擔起獨立工作者所有經濟保障的責任。」31

他們的解決方法是其他國家已採行的方法：在「雇員」和「獨立承包人員」之間增添第三個聘僱類別。在他們的想像中，有了這個新類別，零工經濟公司就不必害怕要提供勞工分類證明，願意替勞工購買、落實某些福利；同時也讓公司有權選擇是否提撥資金於某種保護方案，譬如勞工的職災保險。

這種方法背後的概念是：零工經濟公司所提供的零工是有價值的、是值得保護的。對某些勞工來說，優步這種公司確實提供了某種安全保護網。就像以前是《舊金山紀事報》（*San Francisco Chronicle*）記者、現在是優步司機的約翰．庫普曼（John Koopman）所說：「當你從財務懸崖垂直掉落，眼看就只能去遊民之家或搬去跟姐妹住，你會反射性緊緊抓住任何可以阻止你下滑的東西，然後你抓到了優步。我認為優步是現代版的「就業推動署」（Works Progress Administration，美國經濟大蕭條年代所設立的聯邦機構，旨在解決當時大規模的失業問題），因為有優步，我才不至於淪為窮人，而只是個……無足輕重的小人物。」[32]

新的「獨立工作者」類別對各方都有好處。優步這類公司不必把商業模式全盤改掉，因為毋須負擔聘用「雇員」的成本和責任，而勞工的權利和保護也會提高。布魯金斯研究院那篇報告的作者甚至用了一點詩意來形容，請讀者想像有一頂帳篷：「如果只有兩根柱子支撐，只要稍微有風，帳篷中央就會上下鼓動；但是如果有第三根柱子撐起帳篷中央，鼓動就會減少，帳篷也比較能定型，就算沒有拉緊也比較無所謂。」[33]

這種比喻並沒有打動工會領袖。哈里斯和克魯格的報告公布四個月後，美國最大工會聯盟「AFL-CIO」在部落格寫下：「本聯盟中執會堅持零工經濟勞工只有一個名稱：正式雇員。」[34] AFL-CIO在網站上節錄一段聲明文字，上方還貼出一張圖表，是三條隨著時間變化的線，一條是生產力，往右傾斜上揚，另外兩條是用不同方式估算的平均時薪，這兩條線在二〇〇五年左右都未見成長。它並沒有把這張圖表跟聲明文字做連結，不過其中的意思不言可喻：企業獲利愈來愈多，但勞工並沒有。AFL-CIO認為新的勞工分類非但不會扭轉這種趨勢，反而只會更加惡化。

在已經採用第三種勞工分類的國家，並沒有終結一方面想控制勞工、一方面又想用比較廉價和獨立的方式來歸類勞工的現象。以倫敦為例，優步和Deliveroo勞工該如何歸類已經激辯很久。一個聘僱仲裁單位在二〇一六年裁決，優步司機並非如同優步所歸類的自僱者，而是應享有帶薪假、國定基本工資的「勞工」（優步已對此項裁決提出上訴），當時判決一出，英國總工會總幹事法蘭西斯·歐貴蒂（Frances O'Grady）告訴BBC：「對很多勞工來說，零工經濟是騙局經濟，老闆可以不必支付最低基本薪資，不必提供帶薪假等基本福利……政府必須強硬打擊這種以自僱為幌子的欺騙。」[35]英國雖然已經有第三種勞工分類，而美國並沒有，但歐貴蒂這番話跟美國國內批評零工經濟者的說法並無二致[36]。

批評英國第三種分類的人（義大利、西班牙和加拿大也有類似的分類），常常主張這種分類只是造成問題更加惡化：在雇員和承包人員之間多了一個分類選擇，雇主反而有更多漏洞可鑽，可以迴避傳統聘僱的法律責任和員工福利。話雖如此，新增一種分類在美國仍然有人支持。

Handy的政治公關公司後來協助起草了州議會法案，擬出一個結合第三分類和可攜式福利的版本。根據Handy二〇一六年提供外界討論的草案，公司可選擇提撥每筆交易的一部分進入勞工個人的福利基金（勞工可將這筆基金用於壽險和牙醫等福利），如此一來，勞工就仍然屬於承包人員的分類。這種承包人員類別甚至可以追溯既往，適用於Handy以前的勞工，等於替Handy免除錯誤分類官司的風險。

聘僱一個雇員比聘僱一個承包人員多兩到三成的成本，光是社會安全福利金（Social Security）和醫療保險（Medicare）的支出就占勞工薪資的百分之七．六五，相較之下，Handy的提案只要求公司至少提撥勞工百分之二．五的薪資進入勞工福利帳戶，反對這項提案的人擔心會有企業把這視為好康，本來應該歸為雇員的勞工（可享的權利和保護比較多）反而被歸類為承包人員（就算必須提撥到承包人員小小的福利基金，也很划算）。

其他認同「可攜式福利」概念的人（Handy也是用「可攜式福利」一詞），對這個概念的實際做法有另一番想像。大衛．洛爾夫（SEIU副會長）和創投業者尼克．哈諾爾在《民主》期刊共同撰文提出他的規畫：「強制提供的福利應該包括一年最少五天的帶薪病假、十五天帶薪休假、與401(k)相同的提撥金、現行平價健保法案規定雇主必須負擔的健保費（最理想的狀況是把健保劃入保險福利，但那是更大的戰役）。」[37]

在這個想像中，承包人員的福利是強制提供的，沒得選。所有勞工都享有福利，不論分類。如果某個勞工替某個雇主一週工作二十小時，雇主就有義務給予四十小時全職工作的一半福利。那個勞工如果還有替其他雇主工作，其他雇主也必須提撥進入他的同一個帳戶。

認同這個方法的人仍出現意見分歧：這些帳戶該由誰管理？雇主？第三方新創？非營利組織？有人主張這是二十一世紀工會的角色，譬如美國演員工會（Screen Actors Guild）就替演員設立了一個福利基金（演員通常是承接按件計酬的零工，有多個雇主），只是這套制度用於零工經濟會碰到一個問題：准許設立這種帳戶的法律稱為「塔夫特－哈特萊法」（Taft-Hartley），只適用於傳統工會，不是工會就不能發起塔夫特－哈特萊計畫，而承包人員卻又不能組織工會。「我們必須做的是，另外想出一個可運作於塔夫特－哈特萊法之外的分類。」洛爾夫告訴我。

勞工分類或可攜式福利的相關討論，很少有具體成果。哈里斯和克魯格在美國提出第三種勞工分類之後，相隔兩年，這個想法已經從未來工作的討論中淡出；Handy發出那份草擬的紐約州法案之後，兩年過去，仍然沒有進入立法程序；其他想啟動可攜式福利的嘗試也進展緩慢；華納參議員提案要投入兩千萬美元於可攜式福利實驗計畫，至今仍未送出委員會。勞工部提供一筆小小的十萬美元獎金給可攜式退休福利儲蓄計畫的實驗[38]，有三個計畫拿到這筆獎金，但是只有一個進入原型（prototype）階段（另外兩個用這筆獎金去研究低薪勞工存退休金所面臨的阻礙）。

在討論未來工作樣貌的研討會上，幾乎每個人都認同現行的社會安全網和勞工分類制度已不敷所需，但是等到真正有所改變——這需要各有政治考量的各方對細節做出妥協讓步，再透過實驗證明可行，然後再通過緩慢的立法過程——可能要花上好幾十年，不只是幾年而已。

PART

5

工作的未來

12
CHAPTER
改變策略

二〇一六年春天，Q總管在紐約市一棟摩天大樓租下新辦公室。上一年公司從一百五十人成長到五百人，原本在東村（East Village）的據點（位於五層樓建築內，電梯搖搖晃晃，磚牆外露），已經容納不下。新辦公室相形之下像是大企業辦公室，反正等它搬進去就真的是了。

Q總管日後會用玻璃隔出會議室，會採購桌椅，會放一些盆栽增添顏色變化，會設置一個Q字型接待櫃檯，但是在三月十八日首場正式記者會這一天，家具和隔間都還沒有就位，地板也還沒處理，員工在另一層樓的臨時空間辦公，永久辦公室看起來好像有人把地下室直接往上搬了十一樓，是個巨大水泥洞穴，空空蕩蕩，只有一張擺滿咖啡和可頌的桌子，還有幾排折疊椅和一個講臺。

丹恩・泰倫很緊張地靠近麥克風，兩旁分別站著泰・雷恩（Ty Lane，Q總管首批作業員之一）和湯馬斯・裴瑞斯（美國勞工部部長），站在一排排坐著的記者後頭的，則是丹恩的朋友，包括共同創辦人薩曼。

薩曼離開Q總管沒多久就另外開了一家新公司，但是對自己和丹恩所創辦的這家公司仍然備感驕傲，原本兩個人只是想清潔公園坡（Park Slope）和威廉斯堡（Williamsburg）附近的住家大樓，沒想到竟然這麼快就變成一家大公司，連勞工部部長都被其使命感吸引而來。

丹恩開始講話：「幾年前剛開始的時候……我們看到身邊的科技公司愈來愈把勞工視為成本，而不是資產……」他一面說著，腳一面輕敲地上，少數記者則敲著筆電，「爛工作、停滯薪資、缺乏動力的勞工就是因此造成的，等一下部長會告訴各位。這對勞工不是好事，對消費者不是好事，對企業也不是好事。所以我們選擇走一條不一樣的路。我們沒有逃避身為雇主的責任，反而擔起更多責任。為了提供最好的服務，我們必須有最好的人來工作，而為了吸引最好的人來工作，我們必須成為最好的雇主，這就是我們的出發點，也是我們現在追求的目標。」

其他產業有些公司會發股票給基層員工，譬如星巴克和漢堡餐廳Shake Shack，丹恩宣布，Q總管決定把這種概念帶進科技新創公司，提供百分之五的股票給泰這樣的第一線作業員認購。

這是劃時代的一刻。創業很艱辛，丹恩常常一臉睡眠不足，連休個一天假都很少，私人感情被沉重的工作壓力壓垮，每次有人離職或不得不開除人的時候總是很煎熬，再加上Q總管決定擔起重新定義好工作的任務，遇到的困難更勝大多數創業者。丹恩必須找出軟體工程師和領時薪的清潔人員都適用的政策，還得去了解（至少必須試著去了解）一個跟他沒有什麼共同點的勞動力所面臨的挑戰。

儘管付出這麼多努力，成果卻很微薄。刷洗馬桶和桌子這種工作很難獲得合理薪資和基本保障，Q總管已經找出彌補之道：銷售其他辦公服務和用品，同時減少一次客以及做一次就辭職的勞工數量。在一個比較美好的世界，Q總管的概念是不足以成為開記者會的理由的，不過，它確實產生了一點影響，這正是當年想從政的丹恩所企求的。

裴瑞斯部長從丹恩手上接過麥克風，對著群眾當中的Q總管員工說：「如果有人問你『你在哪裡工作？你做什麼工作？你在打造什麼？』告訴他們，你在打造美國的中產階級，這就是你們正在做的事。」

第二天，Q總管預計在「作業員大會」說明新政策。作業員大會是定期集會之一，是從下包清潔人員早期的披薩派對演變而來，公司所有員工齊聚一堂，享受美食、分享最新消息、培訓、頒獎。

這個集會感覺更像家族聚會，沒有記者會的刻板枯燥。黑白相間的彩帶編織於天花板的管線之間，幼童跟著父母到處閒逛，手撕豬肉三明治自助餐旁邊放著一疊紙盤，還有一個裝滿汽水的冰箱。沒有記者敲打鍵盤的聲音，也沒有丹恩緊張敲打地板的聲音，取而代之的是此起彼落的汽水開罐聲和談笑聲。

可是，丹恩一副快哭的模樣。

「我想你走進來的時候應該注意到了，」他告訴我，「那是工會在拉人加入。」

Q總管已經不完全是「零工經濟」，因為它決定直接招聘正職雇員，而雇員跟承包人員不一樣，在法律上有組織工會的權利，「營建與產業雇員聯合工會」（United Construction Trades and Industrial Employees Union）的地方分會——這個分會非常小，連語音訊息都把行政人員的名字放進去——現在想招募Q總管員工加入。

要是旗下雇員組成工會，Q總管就必須改變營運方式。這家新創的競爭對手並不是有工會組織、專門承做高樓清潔的大公司，而是那些清潔小辦公大樓的小公司，小辦公大樓跟紐約市的摩天高樓不一樣，沒有義務一定要把清潔工作派給加入工會的勞工。丹恩擔心，如果要採用工會普遍的薪資水準，同時又要提供現行的福利（根據他的估計，如果員工選擇每項福利都要的話，成本大概是一小時二十美元），他就沒辦法跟那些小公司競爭。

看到丹恩對工會的出現如此緊張不安，我內心很矛盾。一個工會要員承認Q總管的薪資不算特別糟糕──「它並沒有把員工當狗對待」──但是他說這家公司「距離它該做到的程度還很遙遠」。沒錯，Q總管的起薪還是遠低於那些清潔高樓、加入工會的清潔人員。

不過我觀察Q總管一年多了，公司高層和基層勞工都採訪過，我親眼目睹這家公司不斷下定決心改善工作，即使根本沒有強制規定。它已經做到提供全額給付的健保福利和股票給員工，這兩件事在清潔工友行業很少見（以專職的清潔工作來說），而員工對公司內部有升遷機會也讚譽有加，這難道不也是創造好工作的模範嗎？

儘管丹恩對徘徊於大樓門口的工會領袖感到憂心忡忡，等到他一開始對著麥克風講話，表情立刻比正式記者會上自然多了，他一開口便說：「我知道今天是星期六，但是我個人沒有別的地方想去。」他快速整理了過去幾天的重點，提到勞工部部長到公司來發表談話，並且展示登上《紐約時報雜誌》（*New York Times Magazine*）的「漂亮作業員」照片。

提及新的福利措施時，他再次談到公司因為提供好工作而受惠。Q總管會開始撥款存入員工的401(k)帳戶，員工每存一美元，公司就存入〇．五美元。

「在場有多少人有小孩？」丹恩問。

大部分人都舉了手。

「我沒有。我有狗。」

大家笑得更大聲。

只要作業員生小孩或領養小孩，Q總管最多會給付十二週的全薪津貼，這項福利會根據年資和是否為主要照顧者而定，不過爸爸如果請假照顧新生兒也會有收入。

「最後一件事，大概是我最感到興奮想跟各位分享的一件，」丹恩說，「在場每個人都知道Q總管是一家新創，對吧？我們都在報紙上看過，在Facebook粉刷牆壁的人賺了幾百萬美元，因為他拿到的薪水是股票。我今天在這裡要告訴大家，這裡並不是只有高層和軟體工程師才有機會賺大錢，接下來五年，我們會發出百分之五的公司股票給第一線作業員。」

大部分新創公司的壽命都不夠長，活不到被收購或股票上市，所以發股票這個動作最終可能毫無價值。Juno是一家叫車服務新創，一再宣傳自己是好雇主，也提供股票給勞工。它打著待遇條件較好的名號招募獨立司機，但是後來公司以兩億美元賣給競爭對手時，並沒有實踐承諾。根據Juno的文宣資料，Juno的股票每股價值〇．二美元，但是到最後只有〇．〇二美元，司機只拿到零錢[1]。

丹恩希望發股票的動作至少可以傳達一個訊息。「這件事非常非常重要，一定要傳達給各位，」他說，「這不是我一個人的公司，不是只屬於在這個辦公室辦公的人，而是在場每一個人的公司，我們是同一個團隊。」

他的談話結束後，大家各自散開去參加小型討論會，有針對培訓的，有諮詢新福利的，還有一個房間只是認識彼此，但是在散開之前，丹恩主動提到工會，他說：「我想在這裡工作好一陣子的人應該都知道，我們非常非常在乎要打造一家有凝聚力的公司，我認為我們的作業員就已經可以充分代表他們自己。」

作業員大聲歡呼，跟聽到新的配股福利一樣熱烈。「沒錯，丹恩！」有個人大喊。我走出去的時候，從丹恩身旁經過。「說出來之後，我感覺好多了。」他一面說著，再一次露出快哭的表情。

大約一年後，營建與產業雇員聯合工會向全國勞資局提出代表Q總管勞工的申請，但是到了預訂的公聽會那天卻撤回申請，因為Q總管勞工的贊成票不夠多。

二〇一七年十月，Q總管宣布清潔與雜務營運不只直接聘僱了七百個員工（其中有一半是全職），而且是有獲利的營運。「好工作策略」還稱不上創造出一家非常成功的熱門新創，但是順利存活下來了。

○○○○○

紐約市新學院（New School）教授崔博．休茲（Trebor Scholz）告訴我，二〇一四年他走出一場「工作的未來」研討會時，「耳邊不斷響起一個MTurk工作者的話」。那場研討會討論到MTurk工作者在那個聘僱環境下沒有發聲管道，當他們面臨麻煩時，譬如案主說不滿意他們的工作而「退件」不付款（但是仍然拿去免費使用），他們沒有管道可以挑戰案主的決定。同樣地，他們也沒有系統性的方法可以提出要求來取得讓工作更順利的功能，或是舉報濫權案主。

「如果那些（對MTurk的）批評是真的，」崔博一面回想那個工作者一面說，「那我們為什麼不乾脆自己建立一個平台？」

那個MTurk工作者就是克莉絲蒂。

經過Dynamo的挫敗之後——就是克莉絲蒂幫忙創建的線上組織平台——她得到一個結論：要確保眾包工作者的利益獲得重視，唯一的方法就是由工作者自己經營平台，也就是把一個老概念——合作社（cooperative）*——帶進這個新經濟。

崔博也贊同這種做法，他後來以這個概念為核心，寫了一本書，辦了一場有一千五百人參加的會議[2]，他把這個概念稱為：平台合作主義（platform cooperativism）。

合作社通常為人詬病的是緩慢（透過投票來做決策很花時間），以及缺乏行銷自己的方法，但是克莉絲蒂和崔博都認為這些問題可以透過科技解決一部分。投票可以透過電子方式，速度會快很多；還有，透過社群媒體和數位廣告的行銷，理論上會比較便宜。不同於實體店面的基礎建設，叫車app或接案市集的數位基礎建設可以由好幾家公司共同分擔；另外，新崛起的區塊鏈技術（比特幣賴以成功的那套「去中心化記帳系統」）可望讓人們的交易更容易、成本更低廉，因為可以確保交易安全無虞且

* 為了滿足共同的經濟、社會、文化需求而自願組成的自治團體，透過共同所有及民主方式來管理。

透明，不需要中間人。

雖然如此，崔博還是常常被問到：一個自籌資金的合作社，真的能跟優步這種創投資助的新創公司競爭嗎？優步的舊金山總部大廳有一道落地黑牆，上面是一張世界地圖，地圖上大部分地方都布滿藍色小點，代表當地有優步的服務。它當然有競爭優勢。

不過競爭並不是重點，崔博是這麼認為，他在訪談中告訴我：「他們之所以會提出那些問題，是因為他們假設追求獲利極大化是目的，而不是服務成員。我們沒有必要打敗優步，但是我們能不能打造一個比較小、比較合乎道德的替代品？」換句話說，如果你的目標並不是替投資人發大財，那就沒有必要在牆上畫一張黑色地圖追蹤版圖擴展情況，你的目的只是提供工作給共同擁有這家公司的人。

勞工如果對公司方向有更多掌控權，勞工會比較成功，這當中的原因不難想見，比較看不出來的是，把權力下放給勞工也對公司有利。德國式的「勞資共決模式」（codetermination）就是一個例子，勞工進入公司董事會，並且組織「勞動委員會」（work council）來處理日常問題。過去很多人認為德國這套制度在全球化世界無法存續，然而，布魯金斯研究院最近一份報告指出，勞資共決模式其實保護了德國，免於受到短視做法（為了拉高股價）所帶來的有害衝擊[3]。那篇報告的作者蘇珊．霍姆伯格（Susan Holmberg）在《Quartz》一篇特稿做了解釋：

德國大眾和勞工非常不信任企業高層的認股權制度（認股權會助長不負責任的冒險和欺騙），股票發行價格也比美國低很多。雖然德國企業高層的薪酬已經有所提高，但是仍然遠遠不及美國優渥到出汁的薪酬（這已經成為美國財富不均危機的一大主因）。以二〇一五年來說，德國的企業執行長通常賺五百六十萬美元，美國的執行長卻有一千四百九十萬美元入袋。除了薪酬數字之外，德國高層的策略和目標樣樣不缺[4]。

平台合作社主義是將這個概念發揮到極致，是勞工最終極的發聲管道。

○○○○○○

跟任何創業一樣，開一家合作社型態的公司也有其特有挑戰。我二〇一六年採訪約書亞．丹尼爾森（Joshua Danielson，Loconomics共同創辦人，Loconomics是合作社版本的「跑腿兔」），當時他好不容易結束一年多的合作社規章制度研究，才剛要開始招募第一批服務提供者。走到這一步所花的時間比預期久，他說：「我們以為不到幾個月就能全球上線，說的比做的容易。」

約書亞沒有資源可以聘僱團隊，為理念背負債務是自己心甘情願，他說：「我是三十七歲白人男性，有商學碩士學位，不論結果如何，我都不會有事。」

根據他的規劃，Loconomics上面的工作者每個月付三十美元加入這個合作社（最後的費用視會員種類而定，每月〇元到三十九元不等），工作者所賺的錢全數歸自己所有，Loconomics不抽一毛錢，到了年底會把盈餘分給所有工作者。「如果賺的錢不會被抽走兩成到四成，」約書亞說，「工作一定會做得更賣力更好。我們希望可以吸引想開創自己的事業、想擁有自己品牌的人。」

Stocksy是一家合作社型態的圖庫網站，它把這套理論做得有聲有色。Stocksy九百個會員在二〇一五年創造了七百九十萬美元的營收，其中一半以上是版權費（這個網站給的報酬高於業界平均），那一年Stocksy發了二十萬美元的盈餘給會員，距離平台成立只有短短兩年——當初是由iStockphoto共同創辦人和iStockphoto一個早期員工所創。「我們知道我們這次創辦的公司會很不一樣。」Stocksy創辦人之一告訴《紐約時報》，該報指出，Stocksy的照片在「色彩鮮豔的人像照、意想不到的構圖、俏皮的歡迎照都遠遠勝過很多圖庫網站」[5]。

在克莉絲蒂的想像中，建立一個眾包工合作社平台可以作為她博士研究的一環（她希望取得大學心理系學位之後繼續攻讀博士）。她二〇一五年告訴我：「把它想像成網際網路，有個中心點，這個中心點會打造出軟體、提供訊息和薪資的處理。還會有個搜尋功能，有點像Google，你可以搜尋工作者。」每個工作者也會有自己的平台讓雇主直接取得他或她的資料，而且可以自訂價格。雇主可以選擇自己挑人（如果要找學有專精的工作者的話），也可以填寫一個範本來僱用一整批人（如果要找人分類一萬張圖片的話）。每個工作者都會有一個身分，不只是一個編號，也能跟雇主建立關係。

崔博常常拿克莉絲蒂這種規劃中的平台出來討論，他和內森·施耐德（Nathan Schneider）在《快企業》一篇文章裡寫道：「如果暫時性工作是新的現實，我們如何將它變成好事？除非我們強烈要求創造另一種做生意的方式，不然平台勞工這種令人沮喪的趨勢是不可能改變的。」[6]

○○○○○○

泰倫斯知道阿肯色平等學校的資金快要用完，他看得出這個計畫雖然立意良善但並沒有產生稍具規模的影響。平等資源最近嘗試把它在東非和印度的「工作站」模式搬到杜馬斯——所謂工作站模式，是由業務團隊去遊說企業取得工作，然後聘僱平等資源計畫的參與者來完成——但是很難找到足以支應阿肯色生活水平薪資的工作，所以平等資源總經理在電話中透露要完全撤出杜馬斯時，泰倫斯毫不訝異。

對於這樣的結果，泰倫斯並不是很驚訝，但是有點生氣。他生氣他大部分學生因為不可控的環境因素而欠缺資源，無法加入數位平台；他們沒有電腦，沒有夠快的網路速度，沒有該有的技能。

幾個月後，我在阿肯色派恩布拉夫（Pine Bluff）一家麥當勞跟泰倫斯碰面——那是他目前居住的城市，人口大約四萬五千人。

一個身穿無袖背心和運動短褲的小孩走過我們座位，泰倫斯問他：「嗨，你好嗎？」他是泰倫斯的鄰居。男孩看起來十歲左右，他告訴我們他很好，然後就快跑進入洗手間，另一張桌子有個女子在他身後大喊：「你的鞋子呢？」

過了幾分鐘，男孩再度出現，泰倫斯問他：「你今天吃了什麼？」男孩低聲模糊地說他有一個漢堡可吃，泰倫斯立刻起身去買一個。

泰倫斯說：「你可以說『我們去阿肯色幫人們找工作吧』，那是很大的抱負沒錯，掛在嘴巴上或寫在紙上都很美好，但是接下來你就得開始思考該怎麼執行。」他認為，如果矽谷真心想改變杜馬斯，就必須先好好研究這裡的人，研究過後才能明白，數位app或一些補助金是無法改變已經根深蒂固一百多年的貧窮；也才能明白，平等學校這類計畫的資源需要再擴大十倍才會有效。

數位零工經濟並不足以解決杜馬斯的問題。在奈洛比（Nairobi，位於非洲肯亞）這種非美國城市，平等資源有能力自己聘僱勞工並提供福利和資助，也有能力聘僱經理人來協助指導和控管品質，可是在美國，平等學校所聚焦的零工經濟連基本的保障都沒有，有做才有薪資可領，這對泰倫斯的學生來說完全不夠養家，他們有更迫在眉睫的問題需要處理，沒辦法把時間花在上網路平台搜尋工作。

全美國平均有百分之十三．四的人口三餐不繼，而杜馬斯所在的德夏縣（Desha County）卻有高達百分之二十七．八[7]。根據平等資源的杜馬斯計畫結案報告，泰倫斯這三年來的學生有百分之四十四沒有可靠的交通工具；阿肯色州所有參與平等學校計畫的人當中，有大約百分之十五一面上泰倫斯的課還得同時面臨無家可歸的問題。學生有需要的時候，泰倫斯提供交通工具，他還寫信給法院，努力避免學生因為小小違規而入獄；學生付不出水費帳單時，他會給予諮詢建議；他還會帶披薩和點心去上課，但是一個人加上十週課程並不足以支撐三十個學生的生活。

平等學校發現它無法提供養活杜馬斯居民所需的作為時，便全盤改變計畫。它不再自己開課，而是配合美國各地的人力發展計畫，培訓有市場需求的技能，並教導學生和客戶如何取得那些技能相關的接案工作。平等學校打消了讓學生去跟全球市場競爭的念頭，轉而把焦點放在需要真人執行的零工，譬如木工、家庭清潔、保母、快遞。

把有技術的勞工連上零工經濟，是提供了一種可能性，讓他們可以利用零工來累積履歷或捱過困難時期，同時一面找其他全職工作。「提供職業培訓的人力發展機構通常是著眼於全職工作，仰仗雇主提供必要的知識、訓練和供養，」琳西．克倫堡（Lindsey Crumbaugh）表示，她是平等學校這個新計畫的負責人，「也就是說，我們必須全盤改變我們的訓練方法，培養解決問題的技能、培養微創業者，讓個體戶有能力悠遊於全職工作和零工之間，因為我們看到的很多趨勢都指出，獨立的零工將會是愈來愈普遍的工作。」

零工不見得能解決貧窮問題，也沒有全職聘僱所提供的安全福利網，但卻會漸漸成為唯一找得到的工作，而要獲得零工需要有一套全新的技能，像是自我推銷和創業精神，開始跟其他組織合作的平等學校，會繼續聚焦於這些技能。

為了繼續協助自己的社區，泰倫斯又重回老習慣，碰到孩童就問他們餓不餓。他深入思考過為什麼平等學校沒有成功、該怎麼做才有用。有一種稱為「全民基本收入」（Universal Basic Income，簡稱UBI）的政策想法開始在矽谷興起，希望以此終結貧窮。根據這個概念，不論貧富環境，每個人都可領到基本收入。

過去的民權領袖馬丁．路德．金恩（Martin Luther King Jr.）、保守派經濟學家海耶克（Friedrich Hayek）、尼克森總統（Richard Nixon）都贊成「全民基本收入」，現在的提倡者也是各個領域皆有，包括安迪．史登（Andy Stern，SEIU前會長）、查爾斯．莫瑞（Charles Murray，自由派經濟學家）、羅伯特．萊許（Robert Reich，柯林頓政府時代的勞工部部長）。另外，科技孵化器Y Combinator最近承諾要在加州進行一場基本收入實驗，以了解運作過程；Facebook共同創辦人克里斯．休斯（Chris Hughes）也在一本書裡替基本收入背書。

但是泰倫斯並不認同，他看到這個概念所隱含的天真無知，對此幾近暴怒：「你知道這個國家有類鴉片藥物氾濫的危機嗎？你知道我社區裡的窮人根本不知道如何做預算嗎？」他說他覺得矽谷那些「帶領國家方向的人」對此根本一無所知。

當時，另一個提升美國人收入的普遍想法是來自唐納・川普（Donald Trump），他當時正以「美國優先」理念在競選總統，他的意思是把移民送回去就能協助美國人取得工作。這在泰倫斯看來也很荒謬，他告訴我，他所認識的非裔美國人當中，沒有人有能力做現在移民所做的工作。任何實際的解決方法都必須考慮到杜馬斯居民所承繼的創傷和絕望，光是訓練並不夠。泰倫斯解釋說：阿肯色州小岩城（Little Rock）有水管學徒工作，是很不錯的工作，薪水很好，但是如果杜馬斯的人去報名，還是需要交通工具，需要將小孩托育，需要一個住宿地方，這就是為什麼泰倫斯如果要開辦一個組織的話，會給每個人派一個社工，不需要是行為偏差或犯罪才能獲得資助，只要長期無業就可以，他會將組織命名為Helping You Grow（助你成長，縮寫為ＨＵＧ，擁抱）。

跟矽谷接觸的經驗，也激發泰倫斯更深入思考阿肯色州的資源：杜馬斯外圍綿延數英里的土地、美國數一數二的農業大州、泰森（Tyson）飼料廠（隸屬於一家市值兩百八十億美元的食品公司，距離我們所坐的位置只有數英里遠）。

泰倫斯認為，當地並沒有好好利用這些資源來造福大多數居民，他也開始看到處處是機會，甚至包括垃圾箱。他曾經參加市議會一場會議，會議上做了一個價值一萬四千美元的決定，要購買大型垃圾箱。他還記得母親過世後他搬回杜馬斯找工作時，曾經挖廢五金秤重賣，他心想：為什麼不乾脆教杜馬斯居民焊接呢？教他們一項技能，給他們一個零工，最後是不是可能會造出比較便宜的垃圾箱？

杜馬斯的問題不需要靠矽谷來解決，杜馬斯自己就可以解決，只要領導人學會換個角度想想如何利用資源，就可以創造出自己的零工經濟。「如果你三天沒吃東西，我把一塊麵包放在你面前，」泰倫斯告訴我，假裝在我跟他之間的桌上放下一片麵包，「然後我說『幫我看好』，說完就離開，你肯定會把麵包吃掉，然後我們就把你抓去關。但是，我其實可以另外給你一塊麵包當做幫忙看管的報酬啊！」他的重點是，與其把某個為了滿足基本需求而犯罪的人關進牢裡，不如讓他們做些能滿足基本需求又可讓其他人受惠的工作。

零工經濟一開始的定位是「解決失業和機會不均等經濟問題的簡單方法」，在這方面，零工經濟的競爭對手不少：GIN之類的快速致富詐騙（GIN就是亞伯以前上當的那個騙局），信誓旦旦追隨者可以輕鬆致富；《祕密》和《相信自己很棒》（*You are a Badass*）之類的暢銷書也鼓吹這種概念，也就是只要心想就能事成；多層次傳銷公司則是向婦女保證，賣賣化妝品、蠟燭、精油就能變為成功創業者（只是在這種「三角形」組織中——它們一再強調不是金字塔形狀——幾乎沒有人是靠賣那些東西賺錢）。

泰倫斯所提出的解決方法，完全不同於我從新創公司聽來的方法，他的方法並不簡單，而是資源密集的、多元的、個人的。

泰倫斯比科技公司大多數人都更明白，在現實世界裡，每個人的成功機會並不相同，如果只是「心想」是不可能「事成」的。那些成功創業家的共同點並不是什麼特別的領導風格、膽量獨具或天縱才能，而是繼承財富或有其他取得新創資金的管道——這是根據《勞工經濟學期刊》（*Journal of Labor Economics*）所刊登的一份研究結果[8]。

那些爬到經濟階梯頂端的人本來就有內建的優勢，而要在這個階梯往上爬只有愈來愈困難。根據二〇一六年一份研究，麻州大學（University of Massachusetts）經濟學家引用美國人口普查局的資料，證明美國的社會階級流動愈來愈減緩[9]。「階級不流動的機率上升，階級往上流動的機率下降。」那項研究的研究人員告訴《大西洋》。在一九九三年，所得分配位居中間的人在接下來十五年要爬到所得頂端百分之二十的機率，比一九八一年少了兩成[10]。

不穩定與不均是複雜且耗時的問題，光是「心想」是無法解決的。光靠一本書或一個特別社團無法解決，靠零工經濟的app也沒辦法。泰倫斯思考得愈深入愈相信，改變杜馬斯是一件緩慢、困難的大工程，隨需經濟絕對不是答案。

13 CHAPTER

一個非常嚴肅的議題

二〇一七年一個炎熱的五月天，世界各地的創業家齊聚紐約市羅斯福大道下的一個倉庫空間，參加網路媒體TechCrunch舉辦的新創盛會「顛覆大會」（Disrupt）。一年舉辦三次的「顛覆大會」是新創會議，一半是商業展，一半是《創業鯊魚幫》（*Shark Tank*）*風格的推銷競賽，Happification、Binary Mango、Blazesoft等新創紛紛慕名而來，吸引創投和科技作家的注目，只要在大會上隨意逛逛，很難不拿到印有公司商標的免費T恤。

* 《創業鯊魚幫》是美國真人實境節目，每集邀請數位創業家上節目向五個投資者（節目中稱他們為「鯊魚」）進行簡報爭取投資。

丹恩不是去推銷Q總管的，他是去參加一場主題對談，跟Handy執行長歐新・漢拉恩（Oisin Hanrahan）對談。這兩位創業家都是提供清潔與雜務服務，但是方法非常不一樣。丹恩的公司鎖定辦公大樓，仰賴自己的雇員來提供服務，而Handy的客戶是住家，清潔人員和雜工則屬於獨立承包人員。

儘管方法截然不同，從商業的角度來看，很難說哪一家比較成功。Q總管當時已經是中型公司，有三千個客戶，就快要開始獲利；Handy到二〇一六年十一月為止已擴展到二十八個城市以上，募到一億一千萬美元的創投資金。有大量資料記載Handy早期為了維繫客戶和勞工而岌岌可危，但並沒有被判死刑，《Inc.》雜誌最近才特寫了Handy「痛苦的獲利之路」[1]。

對談的舞臺雖然用厚厚的黑色簾幕隔離起來，但是會場其他樂觀創業者的喧鬧聲仍然很大，聽眾得豎起耳朵才聽得到舞臺上的對話。對談以訪談形式進行，由TechCrunch總編輯強恩・席博（Jon Shieber）向丹恩和歐新提問。兩位對談人都身穿西裝外套、襯衫、牛仔褲（丹恩的牛仔褲是黑色，歐新是藍色），乍看像是兩個青少年被硬湊成一對共舞——這種形容雖不中亦不遠矣，因為TechCrunch並未事先告訴兩人會同臺現身。

「零工這種商業模式是不是玩完了？」強恩一開頭就問，「是不是結束了？派對結束了？太陽下山了？」

這個問題問得很合理，因為過去自稱是零工經濟的公司有很多不是改變商業模式就是關門大吉了（除了優步、來福車、Handy等公司）。而且隨著經濟復甦（美國就業連續六年成長，並且繼續成長中），願意透過app接接零碎工作的人似乎愈來愈少[2]。根據摩根大通研究院（JPMorgan Chase Institute）的數據，加入零工經濟平台的人自二〇一四年六月開始下滑，有超過一半的人從事零工經濟不到一年就退出[3]。

勞工退出零工經濟的同時，法律爭議也讓這個商業模式看似風險愈來愈高。引起驚慌的法院判決不時傳出，譬如加州法院判定一個優步司機是雇員。不過法律程序曠日費時，任何有點錢可用的人（公司想避免大幅更動其商業模式，律師想拿到酬勞）都寧願和解也不願冒著打輸官司的風險。優步在加州和麻州有兩起最具威脅性的分類錯誤訴訟，最後同意支付司機一億美元和解（後來一位法官以金額不夠多為由駁回）；來福車原本有意以一千兩百二十五萬美元和解加州一起集體訴訟，最後同意支付司機兩千七百萬美元。沒有人想賠上數百萬美元，但是這些公司備有所謂的「作戰基金」，和解對它們的生意衝擊不大。

最近幾項法律判決看起來比較具威脅性。二〇一七年，紐約州勞工局支持法院一項判決：判定三位前優步司機（以及其他處境相仿的司機）應該視為雇員，可申請失業救濟金。還有在英國，倫敦交通局（Transport for London）不久將撤消優步的執照，認為優步並不是「符合資格」的民營汽車公司；沒多久之後，優步有一項判決上訴也遭到法院駁回，該判決認定優步司機並非自僱，有權享有帶薪假和最低基本工資——優步對這兩起案子都繼續提起上訴。優步壞消息接連不斷的同時，歐盟最高法院還給了優步一大重擊，裁定應該將優步認定為計程車公司，而不是作為司機和乘客之間橋梁的科技公司。

零工經濟如同矽谷當初的發明一樣，大致已經消退，不過存在感仍在。

早在零工經濟興起之前，矽谷以外的大企業早就開始走向「不直接聘僱」的方向，優步這些新創只是展示讓這個過程更有效率的新策略和新科技，它們把工作切成一塊塊，利用自動化來協調工作者，建立起用app來管理的模式，這些做法不是只有新創公司才做得到，其他公司也能仿效。

埃森哲（Accenture，專業顧問公司，客戶遍及一百二十個國家、四十個產業）北美負責人茱莉．史威特（Julie Sweet）在二〇一六年六月告訴我，她已經可以想像很快會出現只聘僱高層主管的公司：「把公司各項職務外包出去的能力已經很完備，至於主要勞動力，可以利用零工經濟。」（她並不覺得埃森哲自己會做此轉變，因為她說埃森哲的業務「是建立在關係上，不是做交易買賣的產業」）。Gigster（致使柯棣斯辭掉紐約市的工作轉為接案型態的那家新創）幾乎已經是如此，Gigster到二〇一六年有三十二位雇員，其中只有四人是負責管理五百個客戶的案件，其他都是由自動化和自由工作者完成。Upwork 執行長史提芬．凱斯瑞爾（Stephane Kasriel）也認為這個世界朝向「非雇員」是必然的趨勢，他二〇一五年六月在一場會議告訴我：「我們用自由工作者來管理十個人，我們用自由工作者來存取安全無虞的程式碼資料庫，我們有跟我們共事十年的自由工作者，只要法律地位確認清楚就沒有差別。」

他離開之前，他的公關人員給了我一份印好的PowerPoint簡報，內容是將零工經濟跟電子商務相比，其中一頁以光滑的彩色影印寫著：「交易已經轉移到網路上，現在服務也跟進，包括工作。」有個顯示自由工作者所得的圖表往右上方凸出，停留在二〇一四年底的三十二億美元。最後一頁的內容促使我開始想像未來會是什麼模樣，上面寫道：「電子商務仍然只占零售業很小的比例，但已經是很大的市場，想想看只要有百分之二的工作移到網路上會是什麼光景。」

這種轉變對有市場所需技能的專業人才可能是好事，但是這股趨勢不見得會在專業人才打住。IKEA在二〇一七年收購了跑腿兔，大概是為了派遣工人去組裝消費者的家具；亞馬遜二〇一五年開始推出一項快遞計畫，給勞工一個當老闆的機會，自己安排時間快遞亞馬遜包裹。另外，還有新一輪的新創公司希望把更多公司引入零工經濟。

以Wonolo為例，那是一家以優步模式為基礎的隨需人力招募平台，合作公司超過六百家，包括Papa John's連鎖披薩店、嬌生（Johnson & Johnson）、Target零售業者，提供隨需人力。公司需要額外人力但又沒有聘僱全職雇員的需求時，Wonolo的勞工會適時填補，譬如下雨時幫忙提供披薩外送人員（消費者在雨天比較不願意出門）、執行一次性的活動、填補員工離職的青黃不接、門市的Odwalla果汁意外缺貨時幫忙補貨。一般來說，Wonolo可在四小時內補上人力，方法是將人力需求傳送到旗下三萬名勞動力的手機上，很像優步把工作傳送給司機，最後管理階層和勞工會互打分數。「這是優步沒錯，只是解決的是人力問題。」Wonolo共同創辦人兼營運長布魯斯丁（AJ Brustein）表示[4]。

Wonolo所填補的人力種類，傳統的臨時工仲介和人力仲介公司也在做，只是要花上好幾天或幾個星期。Wonolo後來也增加了比較傳統的人力仲介業務，以順應那些害怕錯誤分類訴訟、寧願聘僱臨時雇員也不想要自由工作者的客戶。把行動科技用於人力仲介，要找臨時勞力和承包人員會更容易、更有效率，可用性也更廣。

這是壞事嗎？或許不是。零工經濟擁護者常常指出有七成到八成五的承包人員表示喜歡替自己工作[5]，但是承包人員承接的工作傳統上有嚴格定義，而且最重要的是：**需要專業技能**。Deliveroo（餐點外送公司）的勞工就不是能負擔自己的安全福利網的高薪專業人員，而只是快遞員（英國中央仲裁委員會二〇一七年裁定Deliveroo勞工屬於自僱者）。企業用行動科技和自動化將承包人員的運用層面擴大，可能會導致勞工把這種新型態的零散勞力工作視為臨時工作，而臨時工跟自由工作者不同，臨時工表示比較希望有傳統的全職工作[6]。

在TechCrunch顛覆大會上，丹恩和歐新手上握著貼有會議標誌的瓶裝水，兩人都把一隻腳翹到另一條腿的膝蓋上。歐新沒有回答零工經濟是否結束的問題，反而在語義上打轉，他揮舞空出的一隻手一面說這些新發展根本就不該稱為零工經濟，他們其實是在排除商業交易中的摩擦。他並沒有替零工經濟提出新的名字，但是主持人開玩笑提出「無摩擦經濟」。

「丹恩，你覺得這個新名字如何？」

丹恩聳了聳肩說：「歐新講得很有道理。」

這場對話接下來就不再直接尖銳，歐新不斷重複「零工經濟很彈性」的口號（他在公共場合的發言聽起來像是排練過的，彷彿在背誦一篇政治演講稿），丹恩在舞臺上比較自然一些，但還是繞著他的論點，不斷復誦「好工作策略」。歐新把Handy所面臨的訴訟歸咎於「律師想賺一筆快錢」，丹恩指出「彈性」不代表勞工就得放棄應得的受僱保護，法律並沒有規定公司不可以讓正職雇員自行安排工作時間。

這場對談跟兩人多年來的論點沒有不同，不過兩人所建立的公司已經完全不同。

Q總管又募得五千五百萬美元的資金，開始推出更像零工經濟的業務，辦公大樓管理人可以透過「市集」這個功能訂購各項服務，譬如人力招募、外燴服務、維修、IT協助、清潔打掃。Q總管在紐約、洛杉磯、芝加哥雖然還有自己聘僱的內勤員工，不過「市集」功能比較像最初的Q總管，由小商家來提供服務而不是由Q總管的雇員，目前已有大約兩百個商家加入這個平台的運作。

Q總管的市集不完全像優步，反而比較像Yelp：客戶瀏覽小商家的資料，然後決定聘用哪一家，如果喜歡某個商家提供的服務就可以一用再用，而執行工作的人通常是小商家的正職雇員而不是承包人員。但是Q總管會從中抽取一成到兩成的費用，類似Handy和優步從承包人員的收入抽佣一樣。在新進軍的城市，Q總管尚未決定是否自僱作業員，還是單純利用其技術作為辦公大樓和小商家之間的橋梁。

Q總管證明了，清潔雜務公司善待員工的同時也能賺到錢，而它身為科技公司的優勢是，它可以靠著將工作轉介給其他小商家來擴大營運。

Handy則建置了可完全在網路上完成的清潔人員培訓，還為客戶服務增添更自動化的層次，兩者都能降低清潔人員和客戶的招募成本。根據《Inc.》雜誌的文章，Handy不再追求快速擴大規模，而是專注在已經進軍的城市累積關鍵多數的使用者。

在此同時，Handy高層仍然持續大聲疾呼訂立新法，以解決其隨需勞動力的問題。不過他們在紐約州推動的隨需勞工法案並未促成政策改變，公司高層仍然繼續批評法律過時，批評法律阻礙他們提供更多支持給勞工。在《連線》雜誌一篇名為〈為了保護工作的未來，必須保護零工經濟〉特稿中，歐新認為「目前的法規並沒有將這些新的工作方式納入思考」[7]。

強恩想知道，為什麼Handy對平價健保法案可能遭到廢除不置一詞？川普當選總統之後，共和黨國會議員就清楚表明打算廢除這項法律（對Handy所仰賴的承包人員來說，平價健保法可以讓他們比較容易自己買保險），歐新並沒有回答這個問題，他說：「變數還有非常多。」

但是這難道不會影響你的勞動力嗎？強恩問歐新，指的是平價健保法案。

「這是一個非常嚴肅的議題。」歐新表示，再次迴避問題。

強恩下一個非常尖銳直接的問題基本上就是：零工經濟難道不是把第一線勞工的錢變成科技創業家的獲利嗎？

「是有這種可能，但是我們一直在積極主動解決這個問題。」歐新表示，他指的似乎是Handy一年前草擬的紐約州法案，該法案給有提供勞工福利基金的零工經濟公司一個安全的避風港。可是幾個月後，Handy遊說立法保護自己免於錯誤分類訴訟（在某些州有遊說成功），卻未要求立法規定提供福利給勞工。

Handy並不是唯一談到改善勞工處境的零工經濟公司。Care.com是一個聘僱保母等看護者的網站，全世界有兩千六百四十萬個註冊用戶，它實驗了一個福利平台，把付給勞工的一定比例酬勞放進一個基金，勞工可用這筆基金去支付醫療、病假等福利。優步也實驗了可攜式福利的想法，設計出一個試行方案，有點類似紐約的黑車基金（Black Car Fund）——該基金提供七萬多名出租車司機（通常跟優步司機一樣是承包人員）勞工職災保險，資金來源是每趟車額外收取百分之二．五的費用，乘客直接付給這個基金，而不是給派車業者。優步的版本則是提高部分車趟的費率，每英里多收〇．〇五美元左右，司機可以選擇把每英里多收的〇．〇五美元存入一個福利基金，以支應車禍意外的醫療支出、收入損失或生還者的福利。

另一方面，還有其他新創爭相填補愈來愈欠缺的工作保障。有個app名叫Even，旨在協助因工時不穩定而收入波動的雇員。如果勞工當月的收入少於平均，Even就會存一筆錢進入該勞工的戶頭，免利息，等到該勞工的收入高於平均，Even就會自己把錢扣回，製造收入穩定的表象。Even後來跟沃爾瑪合作，員工可以選擇在發薪日前預支部分薪水，萬一有意外支出就不必去借「發薪日貸款」（payday loan）*。還有一家新創名為Honest Dollar，專門提供退休儲蓄服務給承包人員，它給來福車司機每月五美元的折扣（來福車在部落格貼文介紹Honest Dollar是「一個簡便、平價的投資平台，專為承包人員設計」）[8]。高盛（Goldman Sachs）在四個月後收購了Honest Dollar。

* 所謂發薪日貸款，是把還款日期設定在借款人下一次領薪日，發薪日一到，債主就把錢從借貸人戶頭領走，屬於短期高利借貸。

還有一個組織稱為Peers.org，其目標是將這類服務整合到單一平台，並且以健保和退休儲蓄等福利來引誘公司加入。「開始一份新工作時都會有這種經驗，他們會給你一個資料夾，裡面塞滿各種福利說明，是不是很嚇人？」Peers.org當時的負責人薛爾比．克拉克（Shelby Clark）問我。「就跟那個一樣，只是以app形式。」克拉克接著說，他發現願意把薪資投入勞工基金的公司並不多，新創公司多半害怕會因此惹上錯誤分類訴訟（Peers.org後來跟另一個替隨需勞工發聲的組織合併）。

這些企圖縮小保障落差的努力有幾個問題：第一，跟傳統全職工作所提供的保障相比，這些努力的成果相形見絀；第二，這並沒有強制性，而是自由選擇。要不要加入Peers.org所規劃的福利基金、要不要保障承包勞工至少有十五美元的時薪（就像Facebook一樣）、要不要選擇傾聽勞工的抱怨，這些都是公司可以自由做的選擇，也是公司不太可能做的選擇，因為客戶要的是非常廉價的服務，才不管勞工成本或有分類錯誤訴訟的可能。

約聘工作、自由工作、外包都可能有良好待遇和薪酬，但是光靠有人主動做出有利勞工的選擇並非有效解決之道。雖然有Q總管這樣的公司擁抱好工作策略，但是只要看看有多少雇員享有病假（百分之六十五）和帶薪假（百分之十三）——這兩項都不是美國法律強制規定——就知道並不是人人都在好工作策略的庇蔭之下[9]。或許有方法可以兼顧好工作和獲利，但總會有雇主不願意做此選擇，而零工經濟的雇主對勞工的義務又更少了。

要解決這個問題，光是取締公司錯誤分類雇員是不夠的。零工經濟不只製造了掌控的灰色地帶，也助長了自營的正當性。鎖定特定產業的零工平台，譬如柯棣斯工作的Gigster，提供了某種隨需的專業，MTurk之類的平台則是把工作分割成個別零工，分發給一群人，現在是有史以來最不需要僱用員工就能完成工作的時代，但是所造就出的愈來愈多非傳統勞工卻沒有管道獲得法律賦予勞工的保護或安全網，不論錯誤分類訴訟再怎麼多也不可能改變這種情況。

在TechCrunch顛覆大會上，丹恩和歐新的對談最後轉移到比較大的結構問題。強恩正要提出下一個問題時，丹恩打斷他，自顧自回答起「零工經濟是否只是把第一線勞工的獲利轉移給雇主」的問題。雖然（前任）勞工部部長一年前告訴Q總管員工說，他們是在創造美國的中產階級，丹恩卻另有所指：「我們必須清楚意識到我們活在一個『財富滋生財富、貧窮滋生貧窮』的世界，如何創造美國的中產階級是一個很大的議題，坦白說，這不是我和歐新有能力解決的問題。」

EPILOGUE

後記

財富滋生財富，有市場需求的技能也會滋生財富。柯棣斯．拉森（紐約市那位程式設計師）並不怎麼注意零工經濟的相關討論，雖然他跟優步司機、Handy清潔人員一樣是承包人員，但是他沒有理由去注意，因為零工經濟對他來說是好東西。

他的成功就跟杜馬斯那項計畫的失敗一樣真實。柯棣斯很努力打造他在Gigster的小小接案事業，Gigster也定期分派程式設計工作給他，他不僅可以維持以往的薪資水準，還能過著很有彈性的「想度假就去度假」生活，這正是他一開始投身零工經濟的目標。不過，我最後一次採訪他的時候（二〇一六年七月），他正要跟矽谷寵兒SpaceX簽下受僱合約——SpaceX是一家建造火箭和太空船的新創公司，位於洛杉磯，由伊隆．馬斯克（Elon Musk）創立——這是我們兩人都沒想到的發展。

「這是除了自由接案之外我唯一想進的公司，」柯棣斯說，「可說是夢寐以求的公司。」他看過SpaceX二〇一三年測試首架可回收火箭「蚱蜢」的影片後，從此就密切注意其發展。SpaceX做的工作似乎比他接觸的新創更有意義（他合作過的新創有的是提供新的網路廣告方法，有的是自比為優步，運送寵物用品），柯棣斯說：「我們除了地球之外所知甚少，太空是最大的生命謎團，我認為他們做的事很酷。」

進入SpaceX一直是柯棣斯的夢想，是一種空想，從沒當成實際的選項，然後五月有一天，他在咖啡店做完手上案子，突然感覺情況已有所不同。過去這一年他不斷透過接案學習如何處理各式各樣的工作，他突然覺得自己有資格了，於是填寫了SpaceX的線上應徵表格。

SpaceX來電時，他嚇了一大跳。經過三通技術方面的電話面試後，他飛到洛杉磯當面跟團隊見面。軟體工程師跟建造火箭的工程師同在一個園區上班，參觀工廠時，他看到了建造火箭機身的工廠，也看到了研發電子和太空衣的無塵室。

SpaceX給的薪水不會跟柯棣斯自己接案賺的一樣多，而且已經有人警告他，SpaceX的員工很辛苦，每天至少工作十一小時，零食點心也跟他上一個全職工作沒得比，不過他會做「太空旅行」的工作。

自由接案的經歷不僅給了柯棣斯新的技能，幫助他取得夢寐以求的工作，也給他一種新的安全感。「要是我發現不喜歡SpaceX的工作，」他盤算著，「要辭掉工作回去接案也很容易。」他週末甚至可以偶爾接點案子做，如果很無聊或想賺點啤酒錢的話。

這就是為什麼優步當時的執行長崔維斯・卡拉尼克會說零工經濟是「安全網」，對柯棣斯來說確實是。

○○○○○

隨著克莉絲蒂繼續念書，打造一個合作社版本的MTurk似乎愈來愈不可行。她不喜歡學術工作，打消了拿博士學位的念頭，而她當初是因為想念博士才打算建立平台的。在一場會議上，她碰到數位合作社平台「Fairmondo」創辦人，他告訴她，他覺得自己會永遠經營Fairmondo。

這句話讓克莉絲蒂猶豫了，她不想永遠經營一個平台，也不想永遠貧窮。丈夫的勞力工作不可能做到老，而她跟二十幾歲的同班同學比起來，能好好賺錢的時間已經少很多。

完成勞工研究的碩士學位後，她決定當律師。她考完法學院入學考試的隔週，我到多倫多拜訪她，我們坐在她的公寓客廳，就在一大幅巴黎海報的下方，狗狗在另一個房間狂吠，她不時朝牠們大喊「不要叫！」，牠們就安靜下來，彷彿吠叫只是為了確定她在不在。

就在入學考前，她手臂的舊疾復發，她擔心連握鉛筆考試都沒辦法，丈夫則在一旁開玩笑說她的護肘是「MTurk榮譽勳章」。她不敢吃止痛藥，怕吃了藥就無法好好念書。

我造訪的時候，她還在擔心自己的考試表現，不過最後她的成績足以進入多倫多兩所法學院。當上律師後，她希望能替勞工發聲，同時也能賺錢，如此一來就不必放棄她最厲害的長才之一，她解釋：「我敢說大家不想聽的話，而且說得很大聲，還會當著他們的面說，讓他們一定聽得到。」

○○○○○○

到二〇一七年夏天，亞伯已經把優步的事完全拋開。罷工和最後企圖向優步勒索封口費都失敗後，他決定自己做叫車app，取名為A-Ryde。他花錢參加會議推銷，還拍了一支廣告（「哇！不要讓漲價毀了今晚」，一個打扮入時的年輕男子告訴朋友，他的朋友大概想用另一個叫車app），後來募的錢不夠多，無法推出app，於是他打算賣房子籌錢（但是因為房子被「留置」了，不能賣，所以這個方法也行不通）。

然後他才明白，想跟有幾十億美元資金的優步競爭是癡人說夢。亞伯告訴我，自從開了「優步自由」Facebook專頁之後他已經成長很多，不會再落入快速致富的騙局，而且會盡量存錢買房地產，他現在認為，房地產才是最後能讓他致富的東西。而且沒錯，他在網路上找到了房地產大師，但是沒有一個像凱文．楚多一樣跟他要錢，也沒有像優步一樣跟他收交易手續費。

跟前雇主的官司和解，讓他拿到兩萬五千美元，可以買第二間房子，開始收租金。他的計畫是一年買一間房子，一直到「財務自由」為止，萬一做不到，他就去投資比特幣。

亞伯認為唐納．川普當選對他是好兆頭。他聽說這位新總統會通過有利於房產大亨的法案，而且他喜歡川普打算給企業減稅的做法，在他看來，這兩件事都對他有利，也有利於他達成百萬富翁的使命。

一想到亞伯對信用卡帳單的態度（他說他從不繳），我猜他的信用很可能完全沒用了，沒有銀行會貸款給他，沒有信用卡公司會給他信貸額度。他說很可能有討債人在向他討債，但是他在手機裝了一個封鎖來電的app，所以不會知道。

為了存錢買房，亞伯打算天天工作。總的來說，他並不後悔當初相信GIN可以讓他變成百萬富翁、相信優步可以讓他變成老闆，至少他從中學到，通往財務自由的唯一途徑是辛苦又緩慢的，而且他也學到，要是再有人告訴他可以快速致富，那人是不可相信的。想到他必須永遠做討厭的服務工作來餬口、想到他永遠不可能成為百萬富翁，他還是百般不願接受這個事實。「我當然很清楚，毫無疑問，在我四十歲之前會一直做這種工作。」他說。

在此同時，他打算繼續存錢。他會盡量不花錢，每花一小筆錢就代表他得多工作一小時，才能達到財務自由。

不過他終於決定花錢買一張真正的床，在他三十一歲的時候，在他睡了地板上的充氣床墊五年之後。

○○○○○

二〇一六年底我跟蓋瑞．佛斯特通上電話，問他情況如何，他的回答是：「天啊，天啊，天啊，情況糟透了。」

那是他當客服人員時我最後一次跟他講話（就是泰倫斯幫他找到的客服工作），現在他在開卡車，正在往華盛頓州的路上，坐在副駕駛座，旁邊是他的駕駛夥伴，之後他要接著去西雅圖，會有一個月的時間不在家，但是每週薪水有八百到一千兩百美元，比他後來因為薪水糾紛和工作時數不足而辭掉的客服工作好多了。

他說，除了會想念太太和兒子，「其他還不錯，這是一份真正的工作。」

蓋瑞是一家卡車貨運公司的司機，公司專門承包其他公司的貨運工作，他其實連卡車裡載的是哪家公司的貨物都不清楚，通常用東西蓋著，他看不到。

這份卡車司機工作費了一番工夫才得到，他先按照規定上了整整一個月的課，才拿到商用卡車駕駛執照，然後還要接受一個月的訓練。第一次在杜馬斯碰面時，他告訴我不喜歡在泰森工廠的工作，因為要花一小時開車通勤，「結果現在我做的工作完全是開車。」他說，嘲笑自己的前後矛盾。

這樣的結果不算糟。蓋瑞希望能存夠錢買一輛屬於自己的卡車，他也在考慮搬到米爾瓦基（Milwaukee），他一直覺得杜馬斯很無聊，當初之所以留在杜馬斯是為了媽媽，而現在媽媽已經改嫁，比較不需要他的幫忙。

非營利的「就業法專案」組織二〇一四年做了一份研究，有六成五的美國貨櫃車司機被當成雇員使喚，但是名義上卻是承包人員[1]。蓋瑞不是那六成五之一，那家長途貨車公司是以雇員身分聘僱他。根據那家公司的網站，它提供醫療、牙醫、視力的保險，還有401(k)退休計畫、車禍意外和失能的保險、給薪假、免費人壽保險，求職欄位還誇口說：「敝公司從不裁員。」

這是一份像樣的工作，但不是可以在自動化時代倖存的工作。

在某些產業，零工經濟扮演的是臨時替代的角色，企業用最便宜的方式聘人，等到最後有更便宜的機器可取代就完全拋棄人力。優步和來福車就是如此。優步創辦人崔維斯．卡拉尼克二〇一四年在一場會議的舞臺上說：「優步之所以昂貴，是因為你不只是付車子的錢，還要付車上那個駕駛的錢，等到車上的駕駛沒了。搭優步就會比自己買輛車還便宜了。」[2]優步二〇一六年在匹茲堡首度開始測試自駕車載客，豐田（Toyota）、日產（Nissan）、通用汽車（General Motors）和Google都預估到二〇二〇年自駕車就會上路[3]。

美國有一百八十萬人以開卡車維生，有六十八萬七千人開巴士，有一百四十萬人運送包裹，還有三十萬五千人擔任計程車司機或私人司機，等到車子可以自己開了，他們到時可以做什麼工作？

不只是司機很快就會看到自己的工作（或是部分工作）變成自動化，根據麥肯錫（McKinsey）最近一份報告的預估，幾乎所有工作都會有若干的自動化，只是程度和衝擊不一而已[4]。

提升自動化程度，有助於增添零工經濟的動能，會比現在的零工經濟更有效率。柯棣斯雖然沒提過，我也不確定他是不是知道，不過Gigster的最終目標是盡可能將程式設計過程自動化。Gigster的共同創辦人兼執行長羅傑．迪基（Roger Dickey）說：「五年後，我們可能可以將兩成自動化，再五年後是四成，再五年後是六成。要達到百分之百是不可能的，除非『人工智慧』全面普及，不過到時八成已經世界末日了，什麼都不必談了。」

Gigster的管理階層會是第一個被取代的人。現在Gigster只要有適合柯棣斯的案子就已經會自動發出電子郵件給他（這原本是管理階層的工作），另外，Gigster也在建置「計畫自動產生器」，以彌補業務團隊的不足，比方會自動提醒客戶：「我們發現你的轉換率（conversion rate）*比競爭對手少三成，這個新功能可以提供這麼多比例的轉換率，請點選此處執行。」客戶點選之後，他們所選的功能很可能跟真人工程師已經做好的功能很像，就會自動出現並自動調整為適合這個新網站的版本，程式設計師就不需要再做一遍。「我們還可以更進一步。」迪基說，或許可以先從給工程師的「初始網頁模板」（starter template）開始。

這不代表Gigster就不需要程式設計師，只是不需要設計師重複做現在正在做的事。自動化也可以讓零工變得更有趣、更容易找到。未來研究所（Institute for the Future）研究主任戴文·菲德樂（Devin Fidler）說：「如果你到外面看一看，會發現並不是都沒有工作可做，只是欠缺適當的工作分派技術。」他看到的未來是「從『人找事』變成『事找人』」，使用科技自動將零工分配給適合的勞工，也就是零工經濟，只是遍及更多職業和工作。他說：「像水龍頭一樣一開就有，想工作的時候不必耗費龐大心力做無用的搜尋，工作會自動找上門。」

如果你是軟體程式設計師，那樣的未來很容易想像，但如果你是卡車司機，就

* 進入網站瀏覽的訪客當中，有如你預期執行你希望他們做的事，譬如下單消費的比例。

很難想像未來的工作會是什麼樣子了。

○○○○○

二〇一七年七月，丹恩列了一份個人學習清單，內容涵蓋工作的演變。那份清單躺在兩個鼓起的帆布袋裡，放在廚房餐桌上。其中一個袋子裝滿貼有「平台經濟學」、「工作的未來」標籤的文件夾，裡面塞滿白色影印紙，用黑色夾子一落落夾在一起；另一個袋子都是書，有大衛．懷爾談論科技如何影響工作的書，還有一本講述第二次機器時代的書；看到《簡斯維爾》(Janesville) 這本書的時候，我忍不住插了嘴，那本書追蹤一個離我成長的地方不遠的小鎮，探討當地通用汽車裝配廠關閉所帶走的幾千個好工作。丹恩打算在四天的小木屋一人旅行中看完這一疊足足有四十五公分厚的書，不知道為什麼，他竟然不覺得這是個不切實際的遠大目標。

這疊書至少目前看來是這間公寓最重要的東西，要是少了這些書，他的公寓就更不值一顧了。屋子裡有幾件藝術作品和裱框紀念物，一張積滿灰塵、放著一堆老舊筆電的桌子，一張皮沙發，一張床，一個小小的衣櫥，還有一個放滿襯衫和西裝外套的金屬架子。地上還有榔頭敲出的洞，是他把兩房改成一房時所留下，開放式天花板還吊著原本房間的電源插座。他的沙發面對著一塊褪色的正方形瑜伽熊壁紙，是上一個房客留下的。

丹恩最近才剛把一塊衝浪板架在一個角落，他一直想好好照顧自己，去上瑜伽課，一個星期至少休假一天。這並不見得是容易做到的事，有時晚上或週末他會打開Slack（工作聊天溝通app），希望上面有人還在工作，那他就可以順理成章也工作，不過他最近開始請一個企業主管教練（executive coach），他覺得應該不要隨時想回應工作上的事。他手下的人現在都有一份他的「使用手冊」，上面解釋了他熱切的工作倫理、他對那些不像他一樣努力的人會很失望、他無法容忍粉飾太平的消息。

Q總管的經營成敗愈來愈動見觀瞻。一開始丹恩是有可能失敗的，但是除了他和薩曼之外，不會有其他人受到影響，但是現在他已經有一千個員工會受到牽連，其中有兩百二十個鐘點員工剛剛才生平第一次領到公司股票。

丹恩如此拚勁十足地研究「工作的未來」，到底想獲得什麼，不得而知，或許他準備用這些書來宣傳Q總管是小公司的好夥伴，或者為未來的政治宣傳預做準備。「我喜歡彭博的風格，」他曾經這麼告訴我，指的是那位曾任紐約市市長的億萬富豪，「他無法被收買。人們可以不認同他，但是無法質疑他的正直。」

不過，就算他關心未來工作走向是出於利己的動機，我想也無可厚非。全職工作正在瓦解（我們把所有善待勞工的規定都加諸於全職工作上），被當成二等公民、沒有受到同樣的法律保護、沒有權利享有和其他勞工一樣福利的勞工愈來愈多，這是一個很可怕的大問題，是一個值得好好研究的問題。

結束採訪準備離去之前，我站在林子祝福丹恩好運，然後，就像全世界每個月有四千多萬人會做的事一樣，我拿起智慧型手機叫了一輛優步[5]。一個名叫厄畢德（Abid）的司機開車載我回家，他說他通常通宵開車，因為這段時間的車資是最高的。

○○○○○○

從第一次聽到零工經濟到寫完這本書，我花了將近六年的時間觀察一個產業，這個產業有矽谷的熱切希望，也有叫人失望的現實——現行支援系統還無法處理眼前即將發生的重大轉變。

其實，我並不覺得矽谷想重整工作是錯的。現行的模式愈來愈不可行，新創的實驗精神也確實有其必要，但是，想解決工作的問題（而且沒錯，還要提供彈性）卻不修補相關的支援架構，實在稱不上是進展，當然也不像創新。

我們國家上一次不得不從頭重整社會安全網，正是科技進展把工作結構搞得天翻地覆的時候，跟今日的情況很像。工業革命時期，美國勞工紛紛從自營的農村和商家湧進城市裡的工廠，工作逐漸發展出指定工時、核心職位、階級架構，這種轉變一開始也不是美好的，就跟現在的工作演進一樣。

早期工廠工人必須每天做十二到十四小時的苦力，環境惡臭，不時還得呼吸鯨魚油燈冒出的煙（窗戶通常釘死打不開）。整個社會都一樣，我們把孩子送去工作，把工人關在建築物裡，確保他們不會偷懶休息（發生火災的時候也逃不了），容許雇主給出難以溫飽的低薪。

當時我們也像今日一樣疾呼改變。在美國憲法問世一百多年後的一八九四年，勞工聯合會（AFL）首任會長山謬・龔帕斯（Samuel Gompers）寫下：

> 人們當時對蒸汽的存在幾乎一無所知，對電力一無所知，在亞當・史密斯（Adam Smith）*的年代甚至無從想像蒸汽機和馬達，或是電報、電話、蒸汽和

* 蘇格蘭經濟學家，著有《國富論》，生於一七二〇年代。

電力在工業上的應用，然而當時制訂的法律……卻打算應用於現代工業和現代商業……我認為工業和商業不能回頭去遵從老舊思維、老舊理論、老舊法律慣例，應該是修改法律來遵從不斷變化的工業環境與商業環境[6]。

解決之道並不是把工人從工廠趕回農場。勞工運動又花了半世紀左右，才跟政府與民營產業合力造就出「一天十小時」標準工時（儘管工廠老闆辯稱休閒時間愈多會使工人愈容易受到墮落惡習影響）、立法規範童工、制訂保護勞工安全的規定。一直要到一九三〇年代的新政立法，才制訂出社會安全福利方案（Social Security）、失業保險、最低基本工資、失能保險。

結果證明，零工經濟並不像創造者所想像的，是未來工作的「隨需進化」。不過，零工經濟是未來的縮影，讓我們知道該做哪些耗時、困難的努力來預做準備。

謝辭

ACKNOWLEDGMENTS

感謝所有撥出時間跟我分享自己故事的人，沒有他們，這本書不可能問世。

泰倫斯・戴文波特（Terrence Davenport）在課堂上是好老師，也是我有耐心又善良的老師。克莉絲蒂・米蘭（Kristy Milland）好幾次在人生最忙碌的時刻仍然繼續協助我，每封電子郵件不到十五分鐘就回覆。柯棣斯・拉森（Curtis Larson）——我是在一次共事聚會認識他——甚至在多年後仍然慷慨無私地回覆我的電話。還有丹恩・泰倫（Dan Teran），即使公司以十倍規模擴增仍然勉力撥空接受我採訪。

此外也很感謝蓋瑞・佛斯特（Gary Foster）、蕾娜・帕特爾（Rina Patel）、安東尼・納克斯（Anthony Knox）、亞伯・胡賽恩（Abe Husein）、薩曼・拉赫曼尼安（Saman

Rahmanian），謝謝他們在訪談中跟我分享自己的觀點，還有伊森．波拉克（Ethan Pollack）、希克斯．希伯曼（Six Silberman）、帕拉克．沙阿（Palak Shah），謝謝他們協助我分析不熟悉的主題。還要謝謝艾米．戈爾茨坦（Amy Goldstein），提供建議給一個陌生人。

因為大衛．利德斯基（David Lidsky）幫了我一個大忙，才有後續的種種，也才有這本書。此外也很感謝我所服務的《快企業》和《Quartz》，謝謝它們的大力支持；謝謝我的總編輯提姆．巴特雷特（Tim Bartlett）看出這本書的潛力並協助我將故事成形；謝謝我的經紀人艾莉亞．漢娜．哈比卜（Alia Hanna Habib），也謝謝她所提供的意見。

還有本書出版社St. Martin's的亞倫．布拉德肖（Alan Bradshaw），謝謝他在最後階段協助改進本書，謝謝珍妮佛．斯明頓（Jennifer Simington）細心審稿，也謝謝愛麗絲．菲佛（Alice Pfeifer）在漫長編輯過程所提供的協助。

如果沒有我生命中幾位了不起的人給我的支持，這本書會寫得更加辛苦。我爸媽某種程度來說是我第一個編輯，打從我有記憶以來，他們就一直不斷鼓勵我，我很幸運。也要感謝我的兄弟、祖父母、姨姑舅丈、表兄弟姊妹，他們對這個出書計畫的熱情支持溢於言表，卻又很好心地避免在假期時提起截稿日期；謝謝施瓦茨（Schwartz）一家人、艾蜜莉（Emily）、瑪格麗特（Marguerite）。

還要特別謝謝艾力克斯（Alex），他不只是校稿人、廚師，有必要的時候還是心理治療師。你對我的信心造就了這本書。

NOTES

注釋

前言

1 Katz, Lawrence F., and Alan B. Krueger. The Rise and Nature of Alternative Work Arrangements in the United States, 1995–2015. National Bureau of Economic Research Working Paper 22667. 2016.

2 Kessler, Sarah. Online Odd Jobs: How Startups Let You Fund Yourself. ***Mashable***. December 29, 2011. http://mashable.com/2011/12/29/new-working-economy/.

第一章：一個非常古老的新點子

1 Kessler, Sarah. 13 Potential Breakout Apps to Watch at South by Southwest 2011. ***Mashable***.

March 9, 2011. http://mashable.com/2011/03/09/startups-to-watch-sxsw/#bexrtH8S0kqo.

2 Kessler, Sarah. Who's Nearby? This App Lets You Know. ***Mashable***. January 24, 2012. http://mashable.com/2012/01/24/highlight/#iasBqOnotuqA.

3 Tiku, Nitasha. Leaked: Uber's Internal Revenue and Ride Request Numbers. ***ValleyWag***. December 4, 2013. http://valleywag.gawker.com/leaked-ubers-internal-revenue-and-ride-request-number-14759 24182.

4 在美國，雇主僱用一名員工的成本當中，薪資只占69.4%，其他有7.8%必須投入於聯邦政府和州政府規定的福利，像是社會安全福利金和醫療保險（medicare），還有13.5%必須投入於其他福利，像是健保（比例依照行業不同而有所不同）。Hallock, Kevin. ***Pay: Why People Earn What They Earn and What You Can Do Now to Make More.*** Cambridge University Press, 2012.

5 Uber Newsroom. New Survey: Drivers Choose Uber for Its Flexibility and Convenience. December 7, 2015. https://newsroom.uber.com/driver-partner-survey/.

6 Quoted in Hatton, Erin. The Rise of the Permanent Temp Economy. ***New York Times***. January 26, 2013. https://opinionator.blogs.nytimes.com/2013/01/26/the-rise -of-the-permanent-temp-

economy/.

7 Dey, Matthew, Susan Houseman, and Anne Polivka. What Do We Know about Contracting Out in the United States? Evidence from Household and Establishment Surveys. ***In Labor in the New Economy,*** eds. Katharine G. Abraham, James R. Spletzer, and Michael Harper. University of Chicago Press, October 2010.

8 Manyika, James, Susan Lund, Jacques Bughin, Kelsey Robinson, Jan Mischke, and Deepa Mahajan. ***Independent Work: Choice, Necessity, and the Gig Economy.*** McKinsey Global Institute. October 2016.

9 General Accounting Office. ***Contingent Workforce: Size, Characteristics, Earnings, and Benefits,*** GAO-15-168R. April 2015. Available from: http://www.gao.gov/products/GAO-15-168R.

10 Tiku, Leaked: Uber's Internal Revenue.

11 同上。

12 Tsotsis, Alexia. TaskRabbit Gets $13M from Founders Fund and Others to "Revolutionize the World's Labor Force." ***TechCrunch.*** July 23, 2012.

第二章：沒有輪班，沒有老闆，沒有限制

1 Melendez, Steven. How Uber Conquered the World in 2013. ***Fast Company***. January 3, 2014. https://www.fastcompany.com/3024236/how-uber-conquered-the-world-in-2013.

2 優步提供的介紹獎金最多可達2,500美元，只是必須符合特定標準，譬如新加入的司機原本就有計程車執照，而且跟優步的合作夥伴簽約租車一年。

3 Trudeau, Kevin. ***Your Wish Is Your Command***. Audiobook. Global Information Network, 2009.

4 Meisner, Jason. TV Pitchman Kevin Trudeau Sentenced to 10 Years in Prison. ***Chicago Tribune***. March 17, 2014. http://www.chicagotribune.com/business/chi-kevin-trudeau-sentenced-20140317-story.html.

5 優步後來結束Xchange的業務，因為發現每輛車虧損的金額是原先預估的十八倍。

6 Griswold, Alison. Inside Uber’s Unsettling Alliance with Some of New York’s Shadiest Car Dealers. ***Quartz***. June 27, 2017. https://qz.com/1013882/ubers-rental-and-lease-programs-with-new-york-car-dealers-push-drivers-toward-shady-subprime-contracts/.

7 Taylor, Kate. Why Millennials Are Ending the 9 to 5. ***Forbes***. August 23, 2013. https://www.forbes.

com/sites/katetaylor/2013/08/23/why-millennials-are-ending-the-9-to-5/#55af647c715d.

8 Agan, Tom. Embracing the Millennials' Mind-Set at Work. ***New York Times***. November 9, 2013. http://www.nytimes.com/2013/11/10/jobs/embracing-the-millennials-mind-set-at-work.html.

9 Matchar, Emily. How Those Spoiled Millennials Will Make the Workplace Better for Everyone. ***Washington Post***. August 16, 2012. https://www.washingtonpost.com/opinions/how-those-spoiled-millennials-will-make-the-workplace-better-for-everyone/2012/08/16/814af692-d5d8-11e1-a0cc-8954acd5f90c_story.html?utm_term=.26a74c545bef.

10 Fry, Richard. Millennials Surpass Gen Xers as the Largest Generation in the U.S. Labor Force. Pew Research Center. May 11, 2015. http://www.pewresearch.org/fact-tank/2015/05/11/millennials-surpass-gen-xers-as-the-largest-generation-in-u-s-labor-force/.

11 那套理論是寇斯的「企業理論」（Theory of the Firm）。

12 Manyika, James, Susan Lund, Jacques Bughin, Kelsey Robinson, Jan Mischke, and Deepa Mahajan. ***Independent Work: Choice, Necessity, and the Gig Economy***. McKinsey Global Institute. October 2016.

13 From https://gigster.com; since changed.

14 Kalil, Tom, and Farnamn Jahanian. Computer Science Is for Everyone! Obama White House Archives. December 11, 2013. https://obamawhitehouse.archives.gov/blog/2013/12/11/computer-science-everyone.

15 Kessler, Sarah. Tech Interns at Facebook and Snapchat Make Significantly More Than Almost All Americans. ***Quartz***. December 5, 2016. https://qz.com/851945/how-much-interns-at-tech-companies-get-paid/.

16 Gigster在2016年宣布要讓自由工作者也能拿到許多新創公司的股票（柯棣斯等人接的案子就是來自這幾家新創公司），但是柯棣斯從來沒聽過參與辦法。

第三章・・爛選擇當中的最佳選擇

1 "20% of full-time freelancers": Murphy, Laura. What to Do about Health Care? The Conversation on Both Sides of the Aisle. ***Freelancers Union*** (blog). November 3, 2016. https://blog.freelancersunion.org/2016/11/03/health-insurance-2016. "10.3% of the non-elderly general population": The Henry J. Kaiser Family Foundation. Key Facts about the Uninsured Population. September 19, 2017. http://kff.org/uninsured/fact-sheet/key-facts-about-the-uninsured-

population/. 平價健保大幅降低了沒有健保的人數。平價健保在2014年開始實施，在這之前的十年，沒有健保的比例在16%左右。

2 Manyika, James, Susan Lund, Jacques Bughin, Kelsey Robinson, Jan Mischke, and Deepa Mahajan. ***Independent Work: Choice, Necessity, and the Gig Economy***. McKinsey Global Institute. October 2016.

3 Arrington, Michael. Amazon Finally Reveals Itself as the Matrix. ***TechCrunch***. November 4, 2005. https://techcrunch.com/2005/11/04/amazon-finally-shows-itself-as-the-matrix/.

4 Berg, Janine. Income Security in the On-Demand Economy: Findings and Policy Lessons from a Survey of Crowdworkers. International Labour Office. 2016.

第四章··清潔界的優步

1 Weiner, Jenna. What Does oDesk Mean Anyway? Our Startup Story. ***Upwork Blog***. March 26, 2013. https://www.upwork.com/blog/2013/03/what-does-odesk-mean-anyway-our-startup-story/.

2 Dey, Matthew, Susan Houseman, and Anne Polivka. What Do We Know about Contracting Out in the United States? Evidence from Household and Establishment Surveys. In ***Labor in the New Economy***, eds. Katharine G. Abraham, James R. Spletzer, and Michael Harper. University of Chicago Press, October 2010.

第五章‧‧好像口袋有一臺提款機

1 Farrell, Diana, and Fiona Greig. Paychecks, Paydays, and the Online Platform Economy. JP Morgan Chase & Co. Institute. February 2016.

2 Squawk Box. CNBC. Wednesday, April 27, 2016. Transcript available from: http://www.cnbc.com/2016/04/27/cnbc-exclusive-cnbc-excerpts-uber-co-founder-ceo-travis-kalanick-on-cnbcs-squawk-box-today.html.

3 Kokalitcheva, Kia. Uber's CEO Calls His Company a Labor "Safety Net." ***Fortune***. June 24, 2016. http://fortune.com/2016/06/23/uber-safety-net-comments/.

4 Upwork press release. Freelancers Union and Upwork Release New Study Revealing Insights into the Almost 54 Million People Freelancing in America. October 1, 2015. https://www.upwork.

com/press/2015/10/01/freelancers-union-and-upwork-release-new-study-revealing-insights-into-the-almost-54-million-people-freelancing-in-america/.

5 Hanrahan, Disin. We Must Protect the On-Demand Economy to Protect the Future of Work. ***Wired***. November 9, 2015. http://www.wired.com/2015/11/we-must-protect-the-on-demand-economy-to-protect-the-future-of-work/.

6 Wheeler, Brian. Gig Economy Workers "Like the Flexibility." BBC. October 5, 2017. http://www.bbc.com/news/uk-politics-41490172.

7 Working Mothers Issue Brief. Women's Bureau US Department of Labor. June 2016. https://www.dol.gov/wb/resources/WB_WorkingMothers_508_FinalJune13.pdf.

8 Hochschild, Arlie, and Anne Machung. ***The Second Shift***. Penguin Books. 2013. 不意外，女性——她們至今仍承擔不成比例的照顧工作——比較傾向於認為彈性很重要。根據英國一份調查，有四成的女性表示有彈性的工作對她們「非常重要」，而只有兩成三的男性這麼認為。同樣地，有四成二承擔照顧責任的人（不分性別）表示彈性工作很重要，沒有承擔照顧責任的人只有兩成九這麼認為。

9 Press release. International Labour Organization. September 6, 1999. http://www.ilo.org/global/

about-the-ilo/newsroom/news/WCMS_071326/lang—en/index.htm. 雖然全職勞工的工時增加了，但是美國整體的平均工時略降，因為有很多勞工（尤其是教育程度較低、從事非菁英工作的人）很努力要多找幾份工作。

10 US Employee Engagement, 2011–2015. Gallup Daily tracking interviews. http://news.gallup.com/poll/188144/employee-engagement-stagnant-2015.aspx.

11 US Bureau of Labor Statistics. https://data.bls.gov/timeseries/LNS14000000.

12 Desilver, Drew. US Income Inequality, on Rise for Decades, Is Now Highest since 1928. Pew Research Center. December 5, 2013. http://www.pewresearch.org/fact-tank/2013/12/05/u-s-income-inequality-on-rise-for-decades-is-now-highest-since-1928/.

13 Friedman, Thomas. How to Monetize Your Closet. ***New York Times.*** December 21, 2013. http://www.nytimes.com/2013/12/22/opinion/sunday/friedman-how-to-monetize-your-closet.html; Geron, Tomio. Airbnb and the Unstoppable Rise of the Share Economy. ***Forbes***. February 11, 2013. http://www.forbes.com/sites/tomiogeron/2013/01/23/airbnb-and-the-unstoppable-rise-of-the-share-economy/#463a65b6790b.

14 Johnson, Justin Elof. Will You Leave Your Job to Join the Sharing Economy? ***VentureBeat***. January

21, 2013. http://venturebeat.com/2013/01/21/will-you-leave-your-job-to-join-the-sharing-economy/.

15 Manjoo, Farhad. Uber's Business Model Could Change Your Work. ***New York Times***. January 28, 2015. https://www.nytimes.com/2015/01/29/technology/personaltech/uber-a-rising-business-model.html.

16 Retelny, Daniela, Sébastien Robaszkiewicz, Alexandra To, Walter S. Lasecki, Jay Patel, Negar Rahmati, Tulsee Doshi, Melissa Valentine, and Michael S. Bernstein. Expert Crowdsourcing with Flash Teams. Proceedings of the 27th Annual ACM Symposium on User Interface Software and Technology. Honolulu, Hawaii, USA. October 5–8, 2014.

17 Fidler, Devin. Here's How Managers Can Be Replaced by Software. ***Harvard Business Review***. April 21, 2015. https://hbr.org/2015/04/heres-how-managers-can-be-replaced-by-software.

18 De La Merced, Michael J. Uber Attains Eye-Popping New Levels of Funding. ***New York Times***. June 6, 2014. https://dealbook.nytimes.com/2014/06/06/uber-raises-new-funds-at-17-billion-valuation/.

19 Saitto, Serena. Uber Valued at $40 Billion in $1.2 Billion Equity Funding. ***Bloomberg***. December 4,

2014. https://www.bloomberg.com/news/articles/2014-12-04/uber-valued-at-40-billion-with-1-2-billion-equity-fundraising.

20 Shieber, Jonathan. Handy Hits $1 Million a Week in Bookings as Cleaning Economy Consolidates. *TechCrunch*. October 14, 2014. https://techcrunch.com/2014/10/14/handy-hits-1-million-a-week-in-bookings-as-cleaning-economy-consolidates/.

第六章‧優步自由

1 Bureau of Labor Statistics. Employee Benefits Survey. March 2017. https://www.bls.gov/ncs/ebs/benefits/2017/ownership/civilian/table32a.htm.

2 Berg, Janine. Income Security in the On-Demand Economy: Findings and Policy Lessons from a Survey of Crowdworkers. International Labour Office. 2016.

3 蓋瑞服務的IBO公司拒絕對此評論。

第七章‧故事的另一面

1 DePillis, Lydia. At the Uber for Home Cleaning, Workers Pay a Price for Convenience.

Washington Post. September 10, 2014. https:// www.washingtonpost.com/news/storyline/wp/2014/09/10/at-the-uber-for-home-cleaning-workers-pay-a-price-for-convenience/?utm_term=.9e26416360e0.

2 Khaleeli, Homa. The Truth about Working for Deliveroo, Uber, and the On-Demand Economy. ***The Guardian***. June 2016. https:// www.theguardian.com/money/2016/jun/15/he-truth-about-working-for-deliveroo-uber-and-the-on-demand-economy.

3 Smith, Aaron. Gig Work, Online Selling and Home Sharing. Pew Research Center. 2016. See "Appendix: Profile of Gig Earners and Online Sellers." http://www.pewinternet.org/2016/11/17/gig-work-online-selling-and-home-sharing.

4 The New York Times Editorial Board. The Gig Economy's False Promises. ***New York Times***. April 10, 2017. https://www.nytimes.com/2017/04/10/opinion/the-gig-economys-false-promise.html.

5 Greenhouse, Steven. ***The Big Squeeze***. Anchor Books, 2008, page 119.

6 Berlinski, Samuel. Wages and Contracting Out: Does the Law of One Price Hold? ***British Journal of Industrial Relations***, vol. 46. November 2007. Pages 59–75.

7 Dube, Arindrajit, and Ethan Kaplan. Institute for Research on Labor and Employment Working Paper Series: Does Outsourcing Reduce Wages in the Low Wage Service Occupations? Evidence from Janitors and Guards. 2008.

8 US Government Accountability Office. ***Contingent Workforce: Size, Characteristics, Earnings, and Benefits***. April 20, 2015.

9 Weil, David. ***The Fissured Workplace: Why Work Became So Bad for So Many***. Harvard University Press, 2014, page 20.

10 同上，pages 76–77.

11 Wong, Julia Carrie. Facebook's Underclass: As Staffers Enjoy Lavish Perks, Contractors Barely Get By. ***The Guardian***. September 26, 2017.

12 ProPublica. How We Calculated Injury Rates for Temp and Non-Temp Workers. December 18, 2013. https://www.propublica.org/nerds/how-we-calculated-injury-rates-for-temp-and-non-temp-workers.

13 Murphy, Brett. Rigged. ***USA Today***. June 16, 2017. https://www.usatoday.com/pages/interactives/news/rigged-forced-into-debt-worked-past-exhaustion-left-with-nothing/.

14 Testimony of Catherine K. Ruckelshaus, National Employment Law Project Hearing before the United States Congress Senate Committee on Health, Education, Labor & Pensions. June 17, 2010.

15 Mas, Alexandre, and Amanda Pallais. Valuing Alternative Work Arrangements. NBER Working Paper No. 22708. September 2016.

16 Kessler, Sarah. The Vast Majority of Workers Just Want a Regular Job, Not Flexibility. ***Quartz***. December 15, 2016. https://qz.com/863618/workers-do-not-value-flexibility/.

第八章・・千萬不要打電話給我們

1 ***Employers Do Not Always Follow Internal Revenue Service Worker Determination Rulings***. Treasury Inspector General for Tax Administration. June 14, 2013. Retrieved from http://www.treasury.gov/tigta/auditreports/2013reports/201330058fr.pdf.

2 Weil, David. "Lots of Employees Get Misclassified. Here's Why It Matters." ***Harvard Business Review***. July 5, 2017. https://hbr.org/2017/07/lots-of-employees-get-misclassified-as-contractors-heres-why-it-matters.

3 Gandel, Stephen. Uber-nomics: Here's What It Would Cost Uber to Pay Its Drivers as Employees. ***Fortune***. September 17, 2015. http:// fortune.com/2015/09/17/ubernomics/. And on Lyft see: Levine, Dan, and Heather Somerville. Lyft Drivers, If Employees, Owed Millions More—Court Documents. Reuters. March 20, 2016. https:// www.reuters.com/article/us-lyft-drivers-pay-exclusive/exclusive-lyft-drivers-if-employees-owed-millions-more-court-documents-idUSKCN0WM0NO?feedType=RSS&feedName=technology News.

4 Chayka, Kyle. It's Like Uber for Janitors, with One Huge Difference. ***Bloomberg***. October 9, 2015. https://www.bloomberg.com/news/features/2015-10-09/it-s-like-uber-for-janitors-with-one-big-difference%0A.

5 Kessler, Sarah. Why a New Generation of Uber for X Businesses Rejected the Uber for X Model. ***Fast Company.*** March 29, 2016. https:// www.fastcompany.com/3058299/why-a-new-generation-of-on-demand-businesses-rejected-the-uber-model.

6 Scheiber, Noam. How Uber Uses Psychological Tricks to Push Its Drivers' Buttons. ***New York Times***. April 2, 2017. https://www.nytimes.com/interactive/2017/04/02/technology/uber-drivers-psychological-tricks.html.

7 Rosenblat, Alex, and Luke Stark. Algorithmic Labor and Infor- mation Asymmetries: A Case Study of Uber's Drivers. ***International Journal of Communication***, vol. 10. July 2016. Page 27. http://ijoc.org/index.php/ijoc/article/view/4892/1739.

8 Alonzo, Austin. Uber Slashes Prices in KC, 47 Other Markets. ***Kansas City Business Journal***. January 12, 2015. https://www.bizjournals.com/kansascity/news/2015/01/12/uber-slashes-prices.html.

9 Beating the Winter Slump: Price Cuts for Riders with Guaran- teed Earnings for Drivers. January 8, 2015. https://www.uber.com/newsroom/beating-the-winter-slump-price-cuts-for-riders-and-guaranteed-earnings-for-drivers/.

10 Huet, Ellen. Uber's Clever, Hidden Move: How Its Latest Fare Cuts Can Actually Lock in Its Drivers. ***Forbes***. January 9, 2015. https://www.forbes.com/sites/ellenhuet/2015/01/09/ubers-clever-hidden-move-how-fare-cuts-actually-lock-in-its-drivers/#66f9ad3a4f1a.

11 ***Businesswire***. An Uber Impact: 20,000 Jobs Created on the Uber Platform Every Month. May 27, 2014. https://www.businesswire.com/news/home/20140527005594/en/Uber-Impact-20000-Jobs-Created-Uber-Platform.

12 McFarland, Matt. Uber's Remarkable Growth Could End the Era of Poorly Paid Cab Drivers. ***Washington Post***. May 27, 2014. https:// www.washingtonpost.com/news/innovations/wp/2014/05/27/ubers-remarkable-growth-could-end-the-era-of-poorly-paid-cab-drivers/?utm_term=.0350a1ed0a2d.

13 Walmart press release. More Than One Million Walmart Associates to Receive Pay Increase in 2016. January 20, 2016. https://news.walmart.com/news-archive/2016/01/20/more-than-one-million-walmart-associates-receive-pay-increase-in-2016.

14 O'Donovan, Caroline, and Jeremy Singer-Vine. How Much Uber Drivers Actually Make per Hour. ***BuzzFeed News.*** June 22, 2016. https://www.buzzfeed.com/carolineodonovan/internal-uber-driver-pay-numbers?utm%5C_term=.xlBQXPj7P8&utm _term=.bjj7x MyYJ#.sp184dxLD.

15 Isaac, Mike. Uber's C.E.O. Plays with Fire. ***New York Times***. April 23, 2017. https://www.nytimes.com/2017/04/23/technology/travis-kalanick-pushes-uber-and-himself-to-the-precipice.html?_r=0.

16 Federal Trade Commission website. Uber Agrees to Pay $20 Million to Settle FTC Charges That It Recruited Prospective Drivers with Exaggerated Earnings Claims. January 19, 2017. https://www.

ftc.gov/news-events/press-releases/2017/01/uber-agrees-pay-20-million-settle-ftc-charges-it-recruited.

17 Green, Carla, and Sam Levin. Homeless, Assaulted, Broke: Drivers Left behind as Uber Promises Change at the Top. ***The Guardian***. June 17, 2017. https://www.theguardian.com/us-news/2017/jun/17/uber-drivers-homeless-assault-travis-kalanick.

18 Manyika, James, Susan Lund, Jacques Bughin, Kelsey Robinson, Jan Mischke, and Deepa Mahajan. ***Independent Work: Choice, Necessity, and the Gig Economy***. McKinsey Global Institute. October 2016.

19 Kath, Ryan. Infamous TV Pitchman, Who Was Focus of 41 Action News Investigation, Ordered to Federal Court. KSHB Kansas City. March 7, 2013. https://www.kshb.com/news/local-news/investigations/infamous-tv-pitchman-who-was-focus-of-41-action-news-investigation-ordered-to-federal-court. And on ***The Lookout,*** see ABC News. Chasing the Dream Seller. ***The Lookout***. May 29, 2013. http://abcnews.go.com/Nightline/video/part-chasing-dream-seller-19284233.

20 Kendall, Marisa. Uber Battling More Than 70 Lawsuits in Federal Courts. ***Mercury News***. July 4, 2016. http://www.sfchronicle.com/business/article/Homejoy-Postmates-workers-sue-to-be-

reclassified-6156533.php.

21 Irani, Lilly C., and M. Six Silberman. Turkopticon: Interrupting Worker Invisibility in Amazon Mechanical Turk. UC Irvine, Department of Informatics Bureau of Economic Interpretation. 2013.

22 Berg, Janine. Income Security in the On-Demand Economy: Findings and Policy Lessons from a Survey of Crowdworkers. International Labour Office. 2016. http://www.ilo.org/travail/whatwedo/publications/WCMS_479693/lang—en/index.htm.

23 Samasource. ***Final Learnings Report to the Winthrop Rockefeller Foundation***. August 2017.

24 Wenzl, Tracy. How I Made over $1,000 on Upwork in My First Week. LinkedIn. March 16, 2016. https://www.linkedin.com/pulse/how-i-made-over-1000-upwork-my-first-week-tracy-wenzl/. And Jorgovan, Jake. How to Make $1,000+ per Week on Upwork. Jake-Jorgovan.com. June 1, 2014. https://jake-jorgovan.com/blog/how-to-make-1000-per-week-on-odesk.

25 Sundararajan, Arun. ***The Sharing Economy***. MIT Press, 2016, page 168.

26 Burke, Adrienne. Furloughed? Try Freelancing on Fiverr. Yahoo! Small Business. https://smallbusiness.yahoo.com/advisor/blogs/profit-minded/furloughed-try-freelancing-

fiverr-145054277.html.

27 Fiverr press release. Fiverr Poll Says a Freelance Economy Works. October 10, 2013. https://www.fiverr.com/news/economy_poll_work_examiner.

28 Doleac, Jennifer L., and Luke C. D. Stein. The Visible Hand: Race and Online Market Outcomes. ***The Economic Journal***, vol. 123. November 2013. Pages F469–F492.

第九章··好工作策略

1 Farr, Christina. Why Homejoy Failed. ***Backchannel***. Septem- ber 26, 2015. https://www.wired.com/2015/10/why-homejoy-failed/#.3ifz7wf0m.

2 Q&A with Saman Rahmanian, CEO and Founder, Tischen. ***StartupBeat***. December 7, 2010. https://startupbeat.com/2010/12/qa-with-saman-rahmanian-ceo-and-founder-tischen/.

3 Barack Obama speech on May 22, 2007, at The Electric Factory, in Philadelphia, Pennsylvania.

4 Shontell, Alyson. Q Raises $775,000 from Bit-Time Angel Investors to Become a Godsend for Office Managers Everywhere. ***Business Insider***. August 11, 2014. http://www.businessinsider.

com/q-raises-775000-to-make-cleaning-an-office-easy-to-schedule-and-manage-2014-8.

5 Ton, Zeynep. ***The Good Jobs Strategy: How the Smartest Companies Invest in Employees to Lower Costs and Boost Profits***. New Harvest, Houghton Mifflin Harcourt, 2014, pages vii, viii.

6 同上，page 73.

7 Griswold, Alison. Dirty Work. ***Slate***. July 24, 2015. http://www.slate.com/articles/business/moneybox/2015/07/handy_a_hot_startup_for_home_cleaning_has_a_big_mess_of_its_own.html.

8 Ton, ***The Good Jobs Strategy***, page 67.

9 Manjoo, Farhad. Start-Ups Finding the Best Employees Are Actually Employed. ***New York Times***. June 24, 2015. https://www.nytimes.com/2015/06/25/technology/personaltech/start-ups-finding-the-best-employees-are-actually-employed.html?mtrref=www.google.com.

10 Reavis, Cate, and Zeynep Ton. Managed by Q. MIT Sloan School of Management, May 24, 2016, page 1. https://mitsloan.mit.edu/LearningEdge/operations-management/managedbyq/Pages/Managed-by-Q.aspx.

11 New York State Department of Labor. Occupational Wages. 2015.

12 Morea, Stephen. ***Janitorial Service in the US***. IBISWorld Industry Report. August 2015.

13 Reavis and Ton, Managed by Q, page 6.

14 同上，page 8.

15 O'Brien, Ashley. Startup Banks $15M in Quest to Be "Best Employer." CNN. June 18, 2015. http://money.cnn.com/2015/06/18/technology/managed-by-q-funding/index.html.

16 Li, Shan. Start-Up Washio Shuts Down. ***Los Angeles Times***. August 30, 2016. http://www.latimes.com/business/la-fi-washio-startup-20160830-snap-story.html.

17 Cited in TrueBridge Capital Partners. The Gig Is Up: The Real Value of Gig Economy Startups Isn't the Model—It's the Supply. ***Forbes***. August 10, 2016. https://www.forbes.com/sites/truebridge/2016/08/10/the-real-value-of-gig-economy-startups/#1fafc0e4460c.

18 Kessler, Sarah. Why a New Generation of On-Demand Businesses Rejected the Uber Model. ***Fast Company***. March 29, 2016. https://www.fastcompany.com/3058299/why-a-new-generation-of-on-demand-businesses-rejected-the-uber-model.

19 Gibbon, Kevin. Why Our Couriers Are No Longer Contractors. LinkedIn. July 1, 2015. https://www.linkedin.com/pulse/why-our-couriers-longer-contractors-kevin-gibbon/.

第十章：媒介本身就是社會運動

1 Smiley, Lauren. The Shut-In Economy. ***Matter***. March 25, 2015. https://medium.com/matter/the-shut-in-economy-ec3ec1294816.

2 Griswold, Alison. There's Still One Thing People Like about Uber. ***Quartz***. June 8, 2017. https://qz.com/1000962/uber-is-a-mess-but-it-still-offers-a-great-ride-hailing-service/.

3 Camp, Garrett. Uber's Path Forward. ***Medium***. June 20, 2017. https://medium.com/@gc/ubers-path-forward-b59ec9bd4ef6.

4 Email exchange with Ethan Pollack on December 16, 2017.

5 Campbell, Harry. What It's Like to Be at Uber's Mercy. ***Splinter***. February 9, 2015. https://splinternews.com/what-its-like-to-be-at-ubers-mercy-1793845146.

6 網誌平台Medium有一篇文章寫到，優步說小費容易受到個人偏好所影響，所以鼓勵司機多到有錢社區繞繞。不過優步同時也認為消費者不喜歡給小費，這家公司寫到：「乘客告訴我們，他們最喜歡優步的一點是不麻煩，所以我們才打算保持原狀。」https://medium.com/uber-under-the-hood/our-approach-to-tipping-aa0074c0fddc.

7 Rideshare Dashboard. Uber Increases Minimum Fares in 20 Cities. August 31, 2016. http://ridesharedashboard.com/2016/08/31/uber-increases-minimum-fares-20-cities/.

8 Raile, Dan. The Medium Is the Movement: Abe Husein Is a Labor Leader for Our Times. Pando. October 21, 2015. https://pando.com/2015/10/21/medium-movement-abe-husein-labor-leader-our-times/.

9 Strike Planned: Some Uber Drivers to Stay Off Roads This Week-end. NBC Washington. October 17, 2015. http://www.nbcwashington.com/news/local/Uber-Strike-Some-Uber-Drivers-Plan-to-Stay-Off-Roads-This-Weekend-333219631.html.

10 Meyerson, Harold. The Forty-Year Slump. ***American Prospect.*** November 12, 2013. http://prospect.org/article/40-year-slump.

11 Abbruzzesse, Jason. Uber Drivers Plan a Three-Day National Strike to Call for Higher Fares. ***Mashable.*** October 16, 2015. http:// mashable.com/2015/10/16/uber-driver-

strike/#J9CNV2Tmfmq2.

12 Uber Newsroom. Beating the Winter Slump: Price Cuts for Riders and Guaranteed Fares for Drivers. January 9, 2016. https://newsroom.uber.com/beating-the-winter-slump-price-cuts-for-riders-and-guaranteed-earnings-for-drivers/.

13 Santora, Marc, and John Surico. Uber Drivers in New York City Protest Fare Cuts. ***New York Times.*** February 1, 2016. https://www.nytimes.com/2016/02/02/nyregion/uber-drivers-in-new-york-city-protest-fare-cuts.html?_r=3.

14 Alba, Davey. Angry Uber Drivers Threaten to Make a Mess of the Super Bowl. ***Wired.*** February 6, 2016. http://www.wired.com/2016/02/uber-drivers-protest-san-francisco-super-bowl/.

15 Alexander, Kurtis. Police Defuse Uber Protest Outside Super Bowl. ***SFGate.*** February 7, 2016. http://www.sfgate.com/bayarea/article/Police-defuse-Uber-protest-outside-Super-Bowl-6814223.php.

16 Fair Crowd Work. Ombuds Office for German Crowdsourcing Platforms Established. November 8, 2017. http://faircrowd.work/2017/11/08/ombudsstelle-fuer-crowdworking-plattformen-vereinbart/.

17 Wiessner, Daniel, and Dan Levine. Uber Deal Shows Divide in Labor's Drive for Role in "Gig Economy." Reuters. May 23, 2016.

18 Scheiber, Noam, and Mike Isaac. Uber Recognizes New York Drivers' Group, Short of a Union. ***New York Times***. May 10, 2016. https://www.nytimes.com/2016/05/11/technology/uber-agrees-to-union-deal-in-new-york.html.

19 Green, Carla, and Sam Levine. Homeless, Assaulted, Broke: Drivers Left behind as Uber Promises Change at the Top. ***The Guardian***. June 17, 2017. https://www.theguardian.com/us-news/2017/jun/17/uber-drivers-homeless-assault-travis-kalanick.

20 Salehi, Niloufar, Lilly Irani, Michael S. Bernstein, Ali Alkhatib, Eva Ogbe, Kristy Milland, and Clickhappier. We Are Dynamo: Overcoming Stalling and Friction in Collective Action for Crowd Workers. Paper presented at the meeting of the CHI. 2015.

21 Bohannon, John. Psychologists Grow Increasingly Dependent on Online Research Subjects. ***Science Magazine***. June 7, 2016. http:// www.sciencemag.org/news/2016/06/psychologists-grow-increa singly-dependent-online-research-subjects.

22 Pörtner, Claus C., Nail Hassairi, and Michael Toomin. Only If You Pay Me More: Field

Experiments Support Compensating Wage Differentials Theory. Working paper. October 2015. http://static1.squarespace.com/static/53c31c5ce4b053fc7d131b18/t/56405d98e4b07bcd9d9704a1/1447058840358/Portner+-+compensating+wage+differentials.pdf.

23 薩雷希等人，「我們是Dynamo」。

24 Harris, Mark. Amazon Mechanical Turk Workers Protest: "I Am a Human Being, Not an Algorithm." ***The Guardian***. December 3, 2014. https://www.theguardian.com/technology/2014/dec/03/amazon-mechanical-turk-workers-protest-jeff-bezos.

25 Katz, Miranda. Amazon's Turker Crowd Has Had Enough. ***Wired***. August 23, 2017. https://www.wired.com/story/amazons-turker-crowd-has-had-enough/.

26 過去協助壯大美國中產階級的傳統工會，如今的勢力已不如往年。2016年的勞動人口當中，只有11%加入工會（其中只有6.6%是政府機構以外的勞動人口），1983年則有20%（資料來源：美國勞工統計局，〈領時薪和固定年薪的工會會員比例〉），至於克莉絲蒂、柯棣斯、亞伯、泰倫斯的學生這種愈來愈多的獨立工作者，則是連組織工會的權利都沒有，Dynamo並不是唯一一個企圖將傳統工會以外的勞工組織起來的點子。

有個名為Coworker的網站便是其中之一，它想透過網路把勞工組織起來，協助勞工向雇主請願。星巴克員工曾經利用Coworker請求公司改變政策，允許外露刺青，後來又爭取到加薪、班表安排的改善、改變育嬰假政策（Horovitz, Bruce. Tattoos, Nose Studs OK for Starbucks Baristas. ***USA Today***. October 16, 2014. https://www.usatoday.com/story/money/business/2014/10/16/starbucks-tattoos-nose-studs-baristas-dress-code/17369455/.）。

另外還有「全國家政勞工聯盟」（The National Domestic Workers Alliance），這個勞權團體將保母、年老雜工、居家清潔人員等家務工作者組織起來，因為這些人很容易淪為獨立承包人員。這個組織的運作並不是靠會員繳費，而是主要仰賴政府補助。

還有一個2003年成立的非傳統工會，名稱為「自由工作者工會」（Freelancers Union），為獨立工作者提供另一種支援。這個工會不只提供退休計畫，還跟牙齒保險、壽險、失能險等保險公司合作，同時還在紐約開了兩家診所，提供服務給加入保險的會員，會員可獲得無上限的基本醫療照護，零自付額，還可享受免費的針灸、營養諮詢、瑜伽課、太極課、壓力管理課程。這套做法背後的理念很類似美國退休人員協會（AAAP）、美國計劃生育聯盟（Planned Parenthood），認為提供服務可以吸引會員，同時也取得運作經費。

第十一章：政治圈的優步

1 Katz, Lawrence F., and Alan B. Krueger. The Rise and Nature of Alternative Work Arrangements in the United States, 1995–2015. National Bureau of Economic Research Working Paper 22667. 2016. http://www.nber.org/papers/w22667.

2 ***Good Work: The Taylor Review of Modern Working Practices***. Department for Business, Energy & Industrial Strategy. July 2017. https://www.gov.uk/government/publications/good-work-the-taylor-review-of-modern-working-practices.

3 Center for Retirement Research at Boston College. Frequently Requested Data. Workers with Pension Coverage by Type of Plan, 1983, 1992, 2001, and 2013. http://crr.bc.edu/wp-content/uploads/1012/01/figure-15.pdf.

4 401(k)退休儲蓄是雇主資助的退休儲蓄，雇員可以提撥部分未稅薪資到儲蓄帳戶，雇員提撥多少，雇主（並非全部）就會提撥相同金額進入雇員的儲蓄帳戶。

5 Munnell, Alicia H., and Mauricio Soto. The Outlook for Pension Contributions and Profits. ***U.S. Journal of Pension Economics and Finance***, vol. 3, no. 1. 2004. 理論上，隨著工資持續上漲，長久下來應該會抵銷掉兩者之間的差距才對，但是波士頓學院（Boston College）一組研究

人員檢視一組已凍結退休金計畫（pension plan）的企業——包括可口可樂、IBM、威訊通訊（Verizon）、惠普——得到的結論是：儲蓄才是各家企業改採401(k)方案的動機。他們在報告中寫到：「背後的邏輯應該是：刪減退休金所引起的騷動小於刪減現金薪資。」

6 Bureau of Labor Statistics News Release. Employee Benefits in the United States—March 2017. July 21, 2017.

7 待業中的畢業生人數很多，但是沒有資格領取失業補助金，而且失業時間超過補助金領取週數的人也不計算在內，另外，有九個州將補助金領取週數刪減為26週，北卡羅萊納州（North Carolina）更是刪減到14週。McHugh, Rick, and Will Kimball. How Long Can We Go? State Unemployment Insurance Programs Exclude Record Numbers of Jobless Workers. Economic Policy Institute. Briefing Paper #392. March 9, 2015.

8 Berg, Janine. Income Security in the On-Demand Economy: Findings and Policy Lessons from a Survey of Crowdworkers. International Labour Office. 2016.

9 Kaiser Family Foundation. 2015 Employer Health Benefits Survey.

10 同上。

11 Bureau of Labor Statistics. Employee Benefits Survey. March 2015. https://www.bls.gov/ncs/

ebs/benefits/2015/ownership/civilian/table09a.htm.

12 Is the Affordable Care Act Working? ***New York Times***. Interactive article produced by Troy Griggs, Haeyoun Park, Alicia Parlapiano, Sona Patel, Karl Russell, and R. Smith. https://www.nytimes.com/interactive/2014/10/27/us/is-the-affordable-care-act-working.html?_r=1#/uninsured.

13 Dynan, Karen, Douglas Elmendorf, and Daniel Sichel. The Evo- lution of Household Income Volatility. ***B.E. Journal of Economic Analysis & Policy***. December 18, 2012. https://www.degruyter.com /view/j/bejeap.2012.12.issue-2/1935-1682.3347/1935-1682.3347.xml?format=INT.

14 Federal Reserve Board. ***Report on the Economic Well-Being of US Households***. July 2014.

15 Gosselin, Peter G. If America Is Richer, Why Are Its Families So Much Less Secure? ***Los Angeles Times***. October 10, 2004. http:// www.latimes.com/news/la-fi-riskshift10oct10-story.html.

16 Hanauer, Nick, and David Rolf. Shared Security, Shared Growth. ***Democracy***, no. 37. Summer 2015. http://democracyjournal.org/magazine/37/shared-security-shared-growth/.

17 Board of Governors of the Federal Reserve. ***Report on the Economic Well-Being of U.S. Households in 2015***. May 2016.

18 經濟學家一般都認同，長期來看，企業會透過削減薪資的方式把薪資稅（payroll tax）轉嫁給勞工。比方說，如果規定企業必須提撥薪資的7%用於退休給付和其他社福方案，企業就會少付員工7%的薪資。從這個例子來看，員工得到的結果是相同的。但是真正發生於真實世界的時候，雇主不至於會馬上就砍薪資，因為砍薪資會造成公司薪資在市場上沒有競爭力，所以勞工就可從中受惠。很多人認為，不管可攜式福利的內容架構為何，似乎仍是最有利於從事非傳統工作勞工的方式。誠如伊森·波拉克（Ethan Pollack，亞斯本研究機構的研究政策副主任）所說：「如果規定（雇主）提撥25%，勞工的薪資不太可能馬上就一舉被降低25%。沒錯，獨立承包人員的薪資不比全職雇員來得固定，所以他們的薪資會暫時被調降，但也不可能一下子就整整調降25%，所以企業短期還是得承擔起這個責任。

19 Kessler, Sarah. US Senator Mark Warner Proposed a $20 Million Fund to Experiment with Portable Benefits for Freelancers and Gig Economy Workers. ***Quartz***. May 25, 2017. https://qz.com/991270/us-senator-mark-warner-proposed-a-20-million-fund-to-experiment-with-portable-benefits-for-freelancers-gig-economy-workers-and-contractors/.

20 Mccabe, David, and Tim Devaney. Hillary Clinton's Uber Problem. ***The Hill***. July 24, 2015. http://thehill.com/business-a-lobbying/248999-hillary-clintons-uber-problem.

21 Remarks by Senator Elizabeth Warren. Strengthening the Basic Bargain for Workers in the

Modern Economy. New America Annual Conference. May 19, 2016. https://www.warren.senate.gov/files/documents/2016-5-19_Warren_New_America_Remarks.pdf.

22 Grenoble, Ryan. Elizabeth Warren Takes on Uber, Lyft and the "Gig Economy." ***Huffington Post***. May 19, 2016.

23 Hoover, Amanda. Elizabeth Warren Calls for Increased Regula- tions on Uber, Lyft, and the "Gig Economy." Boston.com. May 19, 2016. https://www.boston.com/news/politics/2016/05/19/elizabeth-warren-calls-increased-regulations-uber-lyft-gig-economy.

24 Jopson, Barney, and Leslie Hook. Elizabeth Warren Slams Uber and Lyft. ***Financial Times***. May 19, 2016. https://www.ft.com/content/abc00336-1de1-11e6-b286-cddde55ca122.

25 Trottman, Melanie. Employees vs. Independent Contractors: U.S. Weighs in on Debate over How to Classify Workers. ***The Wall Street Journal***. July 15, 2015. https://www.wsj.com/articles/labor-department-releases-guidance-on-classification-of-workers-1436954401.

26 Kreider, Benjamin. Risk Shift and the Gig Economy. Economic Policy Institute's ***Working Economic Blog***. August 4, 2015. http:// www.epi.org/blog/risk-shift-and-the-gig-economy/.

27 Mishel, Lawrence. Uber Is Not the Future of Work. ***The Atlantic***. November 16, 2015. https://

www.theatlantic.com/business/archive/2015/11/uber-is-not-the-future-of-work/415905/.

28 The American Presidency Project. 706—Remarks at a White House Summit on Worker Voice Question-and-Answer Session. October 7, 2015.

29 Perez, Tom. Innovation and the Contingent Workforce. ***Department of Labor Blog***. January 25, 2016.

30 Borzi, Phyllis. Keynote Address at the Retirement Security in the On-Demand Economy. The Aspen Institute. April 11, 2016.

31 Harris, S., and A. Krueger. A Proposal for Modernizing Labor Laws for Twenty-First-Century Work: The "Independent Worker." The Hamilton Project. Discussion Paper 2015–10. December 2015. http://www.hamiltonproject.org/assets/files/modernizing_labor_laws_for_twenty_first_century_work_krueger_harris.pdf.

32 Koopman, John. Zen and the Art of Uber Driving. ***Fast Company***. July 14, 2016. http://www.fastcoexist.com/3061620/zen-and-the-art-of-uber-driving.

33 Harris and Krueger, Proposal for Modernizing Labor Laws.

34 AFL-CIO press release. AFL-CIO Asserts That Gig Economy Workers Are Employees. March 1, 2016. https://aflcio.org/press/releases/afl-cio-asserts-gig-economy-workers-are-employees.

35 Johnston, Chris. Uber Drivers Win Key Employment Case. BBC. October 28, 2016. http://www.bbc.com/news/business-37802386.

36 不過，英國政府2017年對零工經濟的僱傭情況做了一番調查，結果顯示第三種分類對勞工是利大於弊。該份調查建議政府說明清楚第三種分類的標準，並且強力落實，而不是將第三種分類完全取消。

37 Hanauer and Rolf, Shared Security, Shared Growth.

38 US Department of Labor press release. US Labor Department Announces Availability of Grants to Develop Portable Retirement Savings Plans for Low-Wage Workers. July 27, 2016.

第十二章：改變策略

1 Juno Is Growing. Uber People.net. https://uberpeople.net/threads/juno-refer-a-driver-get-a-bonus.92609/.

2 The book is called ***Ours to Hack and to Own: The Rise of Platform Cooperativism, A New Vision for the Future of Work and a Fairer Internet***.

3 Holmberg, Susan. Fighting Short-Termism with Worker Power. The Roosevelt Institute. October 2017.

4 Holmberg, Susan. Want to Fix US Corporations? Put Regular Workers on Company Boards. ***Quartz***. October 23, 2017. https:// work.qz.com/1106972/want-to-fix-us-corporations-put-regular-workers-on-company-boards/.

5 Cortese, Amy. A New Wrinkle in the Gig Economy: Workers Get Most of the Money. ***New York Times***. July 20, 2016. https:// www.nytimes.com/2016/07/21/business/smallbusiness/a-new-wrinkle-in-the-gig-economy-workers-get-most-of-the-money.html?_r=0.

6 Scholz, Trebor, and Nathan Schneider. The People's Uber: Why the Sharing Economy Must Share Ownership. ***Fast Company***. October 7, 2015. https://www.fastcompany.com/3051845/the-peoples-uber-why-the-sharing-economy-must-share-ownership.

7 Feeding America. Food Insecurity in the United States. http://map.feedingamerica.org/county/2015/overall/arkansas/county/desha.

8 Blanchflower, David G., and Andrew J. Oswald. What Makes an Entrepreneur? ***Journal of Labor Economics***, vol. 16, no. 1. 1998. Pages 26–60. https://ssrn.com/abstract=1505204.

9 Carr, Michael, and Emily Wiemers. The Decline in Lifetime Earnings Mobility in the US: Evidence from Survey-Linked Administrative Data. Working Paper. September 2016.

10 Semuels, Alana. Poor at 20, Poor for Life. ***The Atlantic***. July 14, 2016. https://www.theatlantic.com/business/archive/2016/07/social-mobility-america/491240

第十三章：一個非常嚴肅的議題

1 Bercovici, Jeff. Why Handy Chose a Painful Path to Profitability. ***Inc***. November 2016.

2 US Bureau of Labor Statistics. Employment, Hours, and Earnings from the Current Employment Statistics Survey (National).

3 Farrell, Diana, and Fiona Greig. The Online Platform Economy: Has Growth Peaked? JP Morgan Chase Institute. November 2016.

4 Kessler, Sarah. The Gig Economy Is Also a Management Style. ***Quartz***. January 17, 2017. https://

qz.com/862319/the-gig-economy-is-also-a-management-style/.

5 70%: Manyika, James, Susan Lund, Jacques Bughin, Kelsey Robinson, Jan Mischke, and Deepa Mahajan. ***Independent Work: Choice, Necessity, and the Gig Economy***. McKinsey Global Institute. October 2016. 80%: Wartzman, Rick. Working in the Gig Economy Is Both Desirable and Detestable. ***Fortune***. April 27, 2016. http://fortune.com/2016/04/27/uber-gig-economy/. 85%: Wartzman, Rick. Working in the Gig Economy Is Both Desirable and Detestable. ***Fortune.*** April 27, 2016. http://fortune.com/2016/04/27/uber-gig-economy/.

6 Wartzman, Working in the Gig Economy.

7 Oisin, Hanrahan. We Must Protect the On-Demand Economy to Protect the Future of Work. ***Wired***. November 9, 2015. https://www.wired.com/2015/11/we-must-protect-the-on-demand-economy-to-protect-the-future-of-work/.

8 Lyft Blog. Lyft × Honest Dollar: Introducing Savings and Retirement Solutions for Lyft Drivers. November 19, 2015. https://blog.lyft.com/posts/lyft-x-honest-dollar.

9 Bureau of Labor Statistics. National Compensation Survey: Employee Benefits in the United States, March 2014. September 2014.

後記

1 Press release. Workers and US Government Cheated Out of Billions in Stolen Wages and Lost Tax Revenue. National Employment Law Project. February 19, 2014.

2 Newton, Casey. Uber Will Eventually Replace All of Its Drivers with Self-Driving Cars. ***The Verge***. May 28, 2014. https://hbr.org/2017/07/lots-of-employees-get-misclassified-as-contractors-heres-why-it-matters.

3 Kessler, Sarah. A Timeline of When Self-Driving Vehicles Will Be on the Road, According to the People Making Them. ***Quartz***. March 29, 2017. https://qz.com/943899/a-timeline-of-when-self-driving-cars-will-be-on-the-road-according-to-the-people-making-them/.

4 McKinsey Global Institute. What the Future of Work Will Mean for Jobs, Skills, and Wages. November 2017. https://www.mckinsey.com/global-themes/future-of-organizations-and-work/what-the-future-of-work-will-mean-for-jobs-skills-and-wages.

5 Lynley, Matthew. Travis Kalanick Says Uber Has 40 Million Monthly Users. ***TechCrunch***. October 19, 2016. https://techcrunch.com/2016/10/19/travis-kalanick-says-uber-has-40-million-monthly-active-riders/.

6 Quoted in Dray, Philip. ***There Is Power in a Union.*** Anchor Books, 2010, page 248.

方向66

終結失業，還是窮忙一場？

擺脫了打卡人生，我們為何仍感焦慮，還得承擔更多風險

Gigged: The End of the Job and the Future of Work

作　　者：莎拉・柯斯勒（Sarah Kessler）
譯　　者：林錦慧
資深編輯：劉瑋
校　　對：劉瑋、林佳慧
封面設計：莊謹銘
美術設計：洪偉傑
寶鼎行銷顧問：劉邦寧

發 行 人：洪祺祥
副總經理：洪偉傑
副總編輯：林佳慧
法律顧問：建大法律事務所
財務顧問：高威會計師事務所
出　　版：日月文化出版股份有限公司
製　　作：寶鼎出版
地　　址：台北市信義路三段151號8樓
電　　話：(02) 2708-5509　　傳真：(02) 2708-6157
客服信箱：service@heliopolis.com.tw
網　　址：www.heliopolis.com.tw
郵撥帳號：19716071 日月文化出版股份有限公司

總 經 銷：聯合發行股份有限公司
電　　話：(02) 2917-8022　　傳真：(02) 2915-7212
製版印刷：禾耕彩色印刷事業股份有限公司
初　　版：2019年9月
定　　價：400元
I S B N：978-986-248-835-5

GIGGED: The End of the Job and the Future of Work
by Sarah Kessler

國家圖書館出版品預行編目（CIP）資料

終結失業，還是窮忙一場?：擺脫了打卡人生，我們為何仍感焦慮，還得承擔更多風險／莎拉・柯斯勒（Sarah Kessler）著；林錦慧譯. -- 初版. -- 臺北市：日月文化，2019.09
320面；14.7×21公分. --（方向；66）
譯自：Gigged：The End of the Job and the Future of Work

ISBN 978-986-248-835-5（平裝）

1.勞動經濟 2.勞動市場 3.美國

556　　108013097

悅讀的需要，出版的方向

悅讀的需要，出版的方向